KB092897

부동산
자산운용사에서는
이런 일을 합니다

부동산 자산운용사에서는 이런 일을 합니다

일잘러들이 알려주는 부동산 자산운용사 실무의 모든 것

윤형환, 표상록, 윤경백, 토마스 지음

나비의 활주로

부동산 자산운용사에서의
실무에 관한 모든 것을 담았습니다

이 책은 부동산 금융업 중 자산운용사에 취직을 희망하는 대학생 및 취업 준비생, 또는 자산운용사로 이직을 희망하는 분들을 위해 집필하였습니다. 필자들이 자산운용사에 입사하고 처음에 느꼈던 막막함을 업계 후배들에게 더는 느끼게 하고 싶지 않았기 때문입니다. 업무 지식을 익히기 위해서는 '스스로 백지상태에서 부딪혀봐야 기억에 오래 남는다'는 주장도 있지만, 이에 동의하지는 않습니다. 기본적인 틀은 알아야 부딪히고 배우며, 거기에 더해 자신만의 역량을 발휘할 수 있기 때문입니다.

필자들 모두 부동산과 관련된 전공을 하였지만, 대학시절부터 부동산에 관심을 가졌던 것은 아닙니다. 회계법인, 건설사 등에서 일했고, 부동산과 관련된 업무를 하다 보니 자연스럽게 부동산 자산운용업계에서 일하게 되었습니다.

첫 출근 시 설레기도 했지만 한 편으로는 막막하기도 했습니다. 정확히 자산운용사에서 어떤 업무를 하는지 잘 알지 못 하였고, 이를 간접적이라도 알려줄 수 있는 사람도, 구체적으로 설명해 주어 참고할만한 책도 없었기 때문입니다.

입사 후, 업무에 대해서 어느 정도 파악했으나 업무 중 배운 지식들이 머릿속에 파편처럼 흩어져 있었고 큰 프레임을 알고 있지는 못했습니다. 이러한 문제점을 각자 고민하던 중 필자들은 합심하여 이를 한 번에 해결할 수 있는 책을 쓰고자 하였습니다. 모두 운용사에서 일했지만 맡은 역할은 각각 달랐습니다. 그래서 네 명이 의기투합하면 그간 고민했던 흔적들을 토대로 운용업에 진출하고 싶어 하는 분들께 도움이 되는 책을 출간할 수 있다고 판단했습니다.

파트1에서는 부동산 자산운용 업계의 개요와 필수적인 기초 용어&지식을 위주로 설명하였습니다. 파트2부터 파트4까지는 투자(매입), 운용, 처분(매각)으로 이어지는 부동산 자산운용업의 프로세스 순서대로 각 파트별 핵심적인 업무지식에 대해 설명하였습니다. 부록(Appendix)에서는 투자 단계에서 필요한 재무 모델링과 실무에 도움이 되는 엑셀 기능들에 대해 다루웠고, 업무에 도움이 될만한 웹사이트 소개와 더불어 부동산 자산운용 업계에 입사를 희망하는 분들을 위한 자기소개서 작성시 주의점에 대해서도 알려드립니다.

독자 분들의 눈높이에 따라 본 책의 내용이 다소 깊이가 없다고 느끼는 분들도 있을 수 있습니다. 그렇지만 책을 읽어보시면 적어도 '부동산 자산운용사란 이런 일을 하는 곳이구나' 하고 알게 되실 겁니다. 저자들은 부동산 자산운용사의 흐름에 대해 설명하며 줄기를 알려드리지만, 그 잎을 채워나가는 것은 독자분들의 몫입니다. 부디 상업용 부동산 업계 흐름을 이해하는데 이 책이 줄기 역할을 할 수 있길 바랍니다.

저자 일동

PART 1
부동산 자산운용사의 개요

PART 2
부동산 투자의 검토

PART 3
부동산 자산의 운용

PART 4
부동산 자산의 매각

부동산 자산운용사의 운용인력의 전공을 살펴보면 건축학과, 경영학과, 경제학과, 법학과, 부동산학과 등으로 다양하다. 경력 역시 설계사, 건설사, 시행사, 회계법인, 증권사, LM Leasing Management, PM Property Management, FM Facility Management 등 다양한 경력을 갖춘 인재들로 구성되어 있다. 이는 부동산이라는 분야가 건축, 경영, 경제, 법률, 회계, 세무 등 다양하게 구성되어 있기 때문이다. 한 분야의 전문지식을 갖추고 있어도 부동산이 다루고 있는 모든 분야를 완벽히 이해하기는 힘들다. 따라서 본인의 확실한 전문 영역을 가지고 다른 분야는 실력 있는 전문가를 찾아 협업하는 것이 필요하다. 이번 파트에서는 부동산 금융업에 대한 이해를 위해 업계에 어떤 회사들이 있는지 살펴보고, 상업용 부동산을 이해하는데 필요한 기초 지식에 대해 설명하겠다.

PART 1

부동산
자산운용사의
개요

부동산 업계와
역할 구분

자산운용사란 어떤 곳인가

정의

자산운용사는 자본시장과 금융투자업에 관한 법률(이하 자본시장법)에 따른 집합투자업자로 집합투자기구의 설정과 운용을 담당한다.

매출 구조

자산운용사의 매출은 AUMAsset Under Management, 운용자산 또는 수탁고과 운용 수수료율에 비례한다. 투자 상품인 펀드, 리츠, ETF 등을 설정해 투자자를 모집하고, 이를 운용하여 수익 창출하고 받아 가는 수수료가 주 수입원이다.

옆 페이지의 표는 미래에셋자산운용의 2021년 연결포괄손익계산서다. 수익은 80% 이상이 수수료이며, 비용은 50% 이상이 판관비판매관리비다.

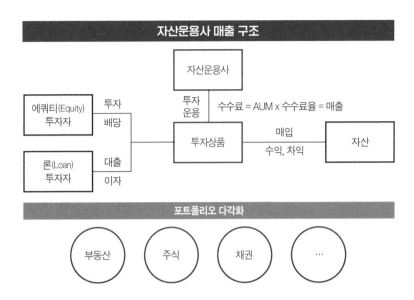

자산운용사 매출 구조

에쿼티(Equity)
투자자
— 투자 / 배당 —

론(Loan)
투자자
— 대출 / 이자 —

자산운용사
— 투자운용 —

수수료 = AUM x 수수료율 = 매출

투자상품
— 매입 / 수익, 차익 —

자산

포트폴리오 다각화

부동산 | 주식 | 채권 | ···

미래에셋자산운용 2021년 연결포괄손익계산서

과목	제25(당)기		비율
I. 영업수익		1,006,476,429,678	100.0%
1. 수수료수익	807,291,629,232		80.2%
2. 금융상품평가및처분이익	104,017,454,004		10.3%
3. 이자수익	1,440,055,529		0.1%
4. 외환거래이익	7,409,111,775		0.7%
5. 기타영업수익	86,318,179,138		8.6%
II. 영업비용		847,691,936,436	100.0%
1. 수수료비용	83,465,484,157		9.8%
2. 금융상품평가및처분손실	268,612,810,155		31.7%
3. 이자비용	28,474,246,336		3.4%
4. 외환거래손실	6,376,373,324		0.8%
5. 판매비와관리비	454,349,929,496		53.6%
6. 기타의영업비용	6,413,092,968		0.8%
III. 영업이익		158,784,493,242	

출처: 금융감독원 전자공시시스템, https://dart.fss.or.kr/dsaf001/main.do?rcpNo=20220324000736

판관비에는 인건비, 광고비, 임차료, 감가상각비 등이 포함되어 있으며, 자산운용사는 이중 인건비 비중이 다른 업종에 비해 높다. 이를 통해 자산운용사는 인력 중심의 사업임을 알 수 있다.

자산운용사의 부서 구분

자산운용사의 부서는 크게 프런트 오피스Front Office, 미들 오피스Middle Office, 백 오피스Back Office로 구성된다.

프런트 오피스

상품을 만들고 이를 직접 운영하여 수익을 창출하는 부서다. 자산운용사에서 가장 핵심이 되는 조직이다.

미들 오피스

컴플라이언스, 리스크, 법무 등이 있으며, 시장분석, 리스크 관리, 준법감시 등을 주 업무로 한다. 기업의 내부 프로세스가 문제없는지, 투자 또는 거래는 적정한지 등을 감시한다.

백 오피스

행정 업무, 지원 업무, 경영 관리와 같은 업무를 담당한다. 프런트 오피스를 지원하는 역할을 담당하며, 전체적인 회사 기능이 원활하게 작동할 수 있도록 한다. 미들 오피스와 마찬가지로 기업의 직접적인 수익 창출 활동에는 관여하지 않지만, 인사관리, 회계 및 행정관리, 총무, 감사 등의 업

자산운용사의 부서 구성			
구분	**프런트 오피스**	**미들 오피스**	**백 오피스**
목적	수익 창출	위험 최소화	비즈니스 지원
업무	투자관리 자산관리 고객관리 등	리스크 관리 내부통제 법률 위험 통제 등	운영 HR 회계 감독 등
부서	부동산 주식 채권 인프라 등	리스크 컴플라이언스 법무 등	인사 총무 감사 재무 등

무를 수행하며 운용조직이 더 효율적으로 일할 수 있도록 돕는다.

집합투자업자 I 투자자 I 대주 I 판매사 I 신탁업자 I 사무수탁사의 차이

부동산 업계에는 다양한 이해관계자가 있다. 자산운용사, 증권사, 은행, 건설사, 시행사, 중개인, 투자사 등이 있으며, 이를 부동산 금융업 관점에서 정리해 보면 다음과 같다.

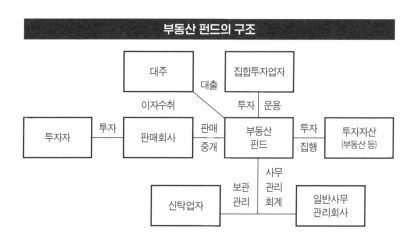

부동산 펀드의 구조

집합투자업자(자산운용사)

투자 대상자산의 취득, 운용, 처분 등 주요 의사결정을 수행하는 기관으로, 부동산 펀드를 설정하는 실질적인 주체다. 투자 구조를 고민하고 투자자수익자의 니즈에 최적화된 상품을 출시한다.

투자자(수익자)

부동산 펀드 설정에 필요한 자금을 투자하는 투자자로, 투자의 결과로 발생되는 수익을 분배 받는다. 보험사, 각종 공제회, 연기금, 해외연기금 등이 부동산 펀드의 주요 투자자가 된다.

대주(대출기관)

부동산 펀드에 필요한 자금을 대출 형태로 투자하는 투자자로, 부동산 펀드의 운용 결과로 발생되는 수익을 이자 형태로 수취한다. 은행, 보험사, 캐피털 등이 대출기관의 역할을 한다.

판매업자(판매사)

부동산 펀드의 수익증권을 관리하고 판매하는 역할을 한다. 투자자와 집합투자업자와의 연결 창구라고 이해하면 된다. 증권사, 은행 등이 주로 판매업자의 역할을 한다.

신탁업자(수탁사)

투자 대상 자산의 수탁/보관 업무를 수행하는 회사다. 부동산 관련 기사를 읽다 보면 등장하는 일반적인 부동산 신탁사(○○자산신탁)와는 역할이 다르다. 많은 경우 시중은행의 수탁사업부가 이 업무를 담당한다. 2023년 현재, 펀드에 대한 신탁업자의 관리, 감시 의무가 강화되고 있어, 신탁업자의 역할이 점점 커지는 중이다. 집합투자업자가 신탁업자에게 운용지시를 보내면 신탁업자는 이를 확인한 후 업무를 수행한다.

일반사무관리회사(사무수탁사)

펀드운용과 관련한 재무회계 서비스를 제공하며, 이외에 일반적인 날인, 서류 보관 등 사무관리 업무를 수행한다. 사무수탁사는 금융감독원이 2000년, 증권투자신탁업법 등 관련 법령을 개정하며 처음 출범했다. 자산운용사들의 자산 운용 투명성을 높이기 위해 외부에 회계를 맡기도록 했던 것이 사무수탁사의 시작이다. 국내 사무수탁사로는 2023년 현재, 신한아이타스, 하나펀드서비스, 한국펀드파트너스, 우리펀드서비스 등이 있다.

운용보수

펀드가 자산운용사에게 지급하는 보수다. 보통 펀드 설정 시 수취하는 매입보수, 펀드 운용 중 수취하는 운용보수, 펀드 만기 시(또는 부동산 매각 시) 받게 되는 매각 성과보수의 세 가지로 구분된다. 펀드 및 투자자의 성격에 따라 좀 더 세부적으로 보수가 구분될 수 있다. 일반적으로 매입보수 및 운용보수는 연간 총자산 또는 원본액 자본, Equity와 동일한 개념의 몇 % 정도로 산정되는 일이 많고, 매각보수는 부동산 매각차익의 몇 % 또는 IRR 초과분의 몇 %와 같이 실적에 연동하여 산정된다.

수탁보수

펀드가 신탁업자수탁사에게 지급하는 보수다. 라임 사태 및 옵티머스 사태 이후 신탁업자의 신탁재산 감시 및 검증 의무가 강화되어 2023년 현재, 소규모 운용사의 경우 신탁업자를 섭외하기가 어려워졌다. 대형 운용사라 하더라도 투자 구조가 조금 특이하거나, 투자 대상이 기존에 접하지 못한 것일 때 신탁업자를 구하지 못하는 상황도 생기고 있다. 보수는 연간 신탁원본의 몇 % 정도로 산정되는 일이 많다.

PLUS PAGE **부동산 신탁사의 업무**

자산운용사가 설정한 펀드를 수탁 및 보관하는 업무는 신탁업자가 하며 주로 은행이다. 그런데 한국토지신탁, 한국자산신탁, 코람코자산신탁, 하나자산신탁 등 부동산 신탁사도 신탁이라는 이름이 붙어 있는데 이들과의 차이점은 무엇일까?

자본시장법에 따라 신탁업자에 관한 진입규제와 영업행위 규제를 하고 있다. 크게 전업 신탁업자와 겸업 신탁업자로 구분되는데, 전업 신탁업자는 부동산 신탁이 유일하고, 겸업 신탁업자는 은행, 증권, 보험 등의 업무를 하면서 신탁업을 겸업하는 것이다. 자산운용사에서 설정한 펀드를 수탁하는 업무는 주로 겸업 신탁업자 중 은행에서 수행한다.

구분	겸업 신탁업자	전업 신탁업자
분류	은행 겸업 신탁업자 증권 겸업 신탁업자 보험 겸업 신탁업자	부동산 전업 신탁업자
예시	신한은행, 우리은행, 케이비은행, 하나은행, 농협은행 등	한국토지신탁, 한국자산신탁, 코람코자산신탁, 하나자산신탁, 케이비부동산신탁 등
내용	펀드와 관련된 수탁 및 보관업무 수행	부동산 신탁업무 수행 (관리신탁, 처분신탁, 담보신탁, 토지신탁 등)

판매보수

판매회사에게 지급하는 보수다. 보수는 연간 신탁원본의 몇 % 정도로 산정되는 경우가 많다.

사무수탁보수

일반사무관리회사사무수탁사에게 지급하는 보수다. 보수는 연간 신탁원본의 몇 % 정도로 산정되는 일이 일반적이다.

AM, LM, PM, FM이란 무엇인가

AM(Asset Management, 부동산 자산관리)

AM은 부동산 투자관리, 자산운용 업무를 수행한다. 주요 업무로는 시장 및 지역 경제 분석, 매입/매각, 자금조달, 자산평가, 투자분석, 포트폴리오 관리 및 분석 등이 있다. 부동산 업계에서 'AM'이라 하면 일반적으로 자산운용사를 뜻한다.

대표적인 회사로는 미래에셋자산운용, 이지스자산운용, 마스턴투자운용, 엘비자산운용, 하나대체투자자산운용, 신한자산운용, 케이비자산운용, 키움투자자산운용 등이 있다.

PM(Property Management, 부동산 자산관리)

PM은 부동산을 보유하며 발생하는 관리 업무를 담당한다. 임대 마케팅, 임대차 관리(재계약 및 증평, 감평 협의), 임차인 관리(임차인의 민원 대응), 승인된 자산관리 계획의 이행(CAPEX 집행, 유지관리 계약 검토 및 효율화), 예산 수립이 주 업무다. 임대마케팅을 통한 안정성 확보 및 수익성 증대, 비용 절감 등을 중점 목표로 업무를 진행한다. AM은 투자 측면에서 자산 관리에 접근하는 반면, PM은 실제 부동산을 운영하는 주체로서 자산 관리 업무에 집중한다.

대표적인 회사로는 미래에셋컨설팅, 교보리얼코, 한화63시티, KT Estate, 신영에셋, 젠스타메이트, CBRE, 쿠시먼앤웨이크필드, 세빌스코리아, JLL 등이 있다.

FM(Facility Management, 부동산 시설관리)

FM은 건물의 물리적 관리, 설비/설계의 운영, 예방적 유지/보수, 에너지 관리, 주차 관리, 미화 관리, 입주사 관리, 시설 보수공사 등 건물의 총체적 시설관리를 주 업무로 하고 있다. 건물의 미화, 주차, 보안, 기계적 관리를 실질적으로 담당하는 인력들은 FM 소속 직원들이다. 대표적인 회사로는 에스원, 서브원, HDC랩스, 맥서브, 장풍, 동우공영, 신한서브, 아이비에스인더스트리 등이 있다.

LM(Leasing Management, 부동산 임대관리)

LM은 주로 상업용 부동산의 임대를 담당한다. 부동산의 임대를 위해 임대인을 대리하는 경우도 있고(임대 대행) 임차인을 대리해 임차인의 입장에서 가장 효율적인 공간을 찾아주는 임차 대행 업무를 하기도 한다. 위에서 언급한 PM사들은 내부 조직에 LM 팀도 동시에 두고 있는 회사들이 많다. 그만큼 임대는 모든 부동산에 있어 중요한 부분이기 때문이다. 대표적인 회사로는 CBRE, 쿠시먼앤웨이크필드, 젠스타메이트, 세빌스, JLL, 미래에셋컨설팅 등이 있다.

기본 용어

상품 구조를 알아보자

부동산 펀드(REF, Real Estate Fund)

'부동산, 부동산 관련 유가증권, 부동산 개발 관련 법인 대출' 등에 투자자의 자금을 투자하여 발생하는 운용수익을 다시 투자자에게 배당하는 상품이다.

부동산 펀드	
구분	내용
근거법령	자본시장과 금융투자업에 관한 법률
자산운용방법	집합투자재산의 50% 이상을 부동산에 투자
부동산 처분제한	부동산 취득 후 1년(국외 부동산 : 집합투자규약에서 정하는 기간)
차입	순자산총액의 400% 이내 차입 가능
대여	순자산총액의 100% 이내 대여 가능
공시, 등기	부동산 현황, 거래가격 등이 포함된 실사 보고서 작성 비치

부동산 펀드의 장점

A. 세제 혜택(법인 직접 보유 비교 시)

공모리츠/펀드는 보유세(종부세, 재산세, 지방교육세 등) 중 토지분 재산세는 분리과세를 적용받고, 토지분 종부세는 면제되기에 직접 보유하는 방법보다 보유세 부담이 적다. 취득세 및 중과세도 배제되어 취득 단계에서도 세금 절감이 가능하다.

B. 금융비용 절감

개인/법인이 직접 대출기관을 대하는 것보다는 집합투자업자가 차입을 진행하는 것이 더 유리하다. 집합투자업자의 네트워크 활용 등으로 가장 낮은 이자율을 제시하는 기관을 찾기 수월하며, 투자 부대비용 및 차입 과정에서 발생하는 금융비용의 일부분도 대출기관과 협상을 통해 일부 절감할 수 있다.

C. 다양한 투자 구조

자본시장법에서 허용하고 있는 범위 내에서 투자자의 위험 선호도에 따라 다양한 종류의 투자 구조를 만들 수 있다. 자산운용사는 펀드, 리츠, SPC, PFV 등 다양한 투자 구조를 활용하여 상품을 제공한다. 예를 들어 같은 부동산에 투자하는 펀드에서도 고정적인 수익률을 원하는 투자자에게는 우선 배당을 지급하고, 매각 차익을 노리는 투자자는 고정수익률을 지급한 후 잔여 수익을 분배하되 매각 차익을 더 많이 가져가도록 구조를 만들 수 있다. 지금부터는 리츠, PFV 및 펀드에 대하여 알아보겠다.

리츠(REITs, Real Estate Investment Trusts)

리츠는 주식 또는 수익증권 등을 발행하여 다수의 투자자로부터 자금을 모집하고, 이를 부동산에 투자하여 운용한 후 얻은 부동산임대소득, 매매 차익 등을 투자자에게 배당하는 것을 목적으로 하는 부동산 간접투자 상품이다. 리츠는 실물 자산인 부동산에 대한 투자와 체계적 관리를 통해 수익성 확보가 가능하며, 개인투자자 등이 소규모 자금으로도 큰 규모의 부동산에 투자가 가능하게 한다. 상장 리츠는 거래소에서 매매가 가능하기 때문에 쉽게 매각할 수 있다. 또한 부동산 취득에 따른 취득세와 등록세 및 각종 보유세 감면 및 배당가능 이익의 90% 이상 배당 시 배당금액에 관한 법인세 면제를 받는 등 각종 세제 혜택을 받는다.

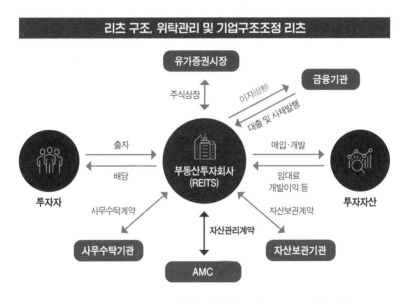

출처: 한국리츠협회, https://www.kareit.or.kr/invest/page1_3.php

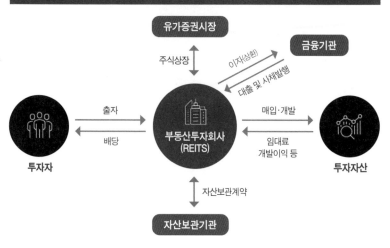

출처: 한국리츠협회, https://www.kareit.or.kr/invest/page1_3.php

특수목적법인(PFV, Project Financing Vehicle)

PFV는 조세특례제한법에 따라 설립된 프로젝트 파이낸싱을 위한 특수목적 회사다. PFV로 사업을 진행 시, 법인세 감면과 대도시 지역 내 법인 등기 시 적용받는 중과세가 배제된다는 장점이 있다. SPC와 PFV 모두 명목상 회사Paper Company라는 특징이 있지만, PFV 설립요건이 SPC 보다 까다롭다. PFV는 최소 자본금으로 50억 원을 갖추어야 하고, 자본금 중 5% 이상은 금융기관이 지분 출자하여야 한다.

PFV 구조

구분	위탁관리리츠	기업구조조정(CR)리츠	자기관리리츠
설립주체	발기인		
투자대상	일반부동산/개발사업	기업구조조정용 부동산	일반부동산/개발사업
자산구성	부동산 70%, 증권 및 현금 포함 80% 이상(최저자본금 확보 이후 현금출자 가능)		
영업개시	국토교통부 영업인가 사모리츠, 개발 비중 30% 이하 시 등록 갈음 가능	국토교통부영업인가 또는 등록 (금융위 사전협의)	국토교통부 영업인가 사 모리츠, 개발비중 30% 이하 시 등록 갈음 가능
감독	국토교통부, 금융위원회		
회사형태	명목회사(SPC : AMC에 자산관리업무 위탁)		실체회사(상근 임직원)
최저자본금	50억 원(설립 시 3억 원)		70억 원(설립 시 5억 원)
주식분산	1인당 50% 이내	제한없음	1인당 50% 이내
주식공모	주식 총수의 30% 이상	의무없음	주식 총수의 30% 이상
상장	요건 충족 시	의무없음	요건 충족 시
자산운용 전문인력	AMC에 위탁운용(5인)		상근직 고용(5인)
배당	90% 이상 의무배당		50% 이상 의무배당 (2021년까지)
처분제한	최소 1년 개발 후 분양시 제한없음	제한없음	최소 1년 개발 후 분양 시 제한없음
자금차입	자기자본의 2배 이내(주총 특별 결의 시 10배 이내)		

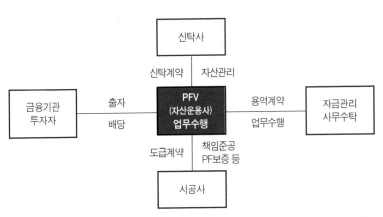

출처: 하나자산신탁, https://www.hanatrust.com/ko/business/pfv

SPC, 부동산 펀드, 리츠, PFV를 비교하면 다음과 같다.

부동산 상품 구조 비교

구분	SPC	REF(부동산 펀드)	REITs	PFV
근거법령	상법	자본시장법	부동산 투자회사법	상법 조세특례제한법
형태	주식회사	신탁형 회사형	주식회사	주식회사
최소자본금	제한 없음	신탁형-해당없음 회사형-10억 원	50억 원 (자기관리 70억 원)	50억 원
분양가능여부	가능	불가능	가능	가능
자금 차입	제한 없음	순자산 총액 최대 4배	순자산 총액 최대 10배	제한 없음
공모 의무	의무 없음	의무 없음	총 자산 30% 이상(연기금 50% 이상 출자 시 면제)	의무 없음
주식분산 (1인 투자한도)	제한 없음	제한 없음	1인당 50% 이내 (CR리츠 제한 없음)	제한 없음
법인세율	법인세 있음	※법인세 없음(회사형) 비과세(신탁형)	※법인세 없음	※법인세 없음

※법인세 감면 혜택 조건 : 배당 가능 이익의 90% 이상 배당 시

PLUS PAGE | 부동산 펀드를 통한 분양 사업이 가능할까?

부동산 업무를 하다 보면 실물 투자를 많이 하지만, 시장이 좋을 때는 다소 리스크가 높더라도 높은 수익률을 거둘 수 있는 개발사업을 많이 진행한다. 특히, 분양사업을 접목하여 부동산 개발하는 일이 많다. 신탁형 부동산 펀드로 분양은 일단 원칙적으로 불가하다. 회사형 부동산 펀드 또는 PFV를 통해 분양사업을 진행하는 경우가 많은데, 그 이유는 다음과 같다.

1) 분양사업은 신탁사에 신탁을 맡겨 진행하는 것이 대부분인데, 신탁형 부동산 펀드의 경우 이중 신탁 문제가 발생할 수 있다.
2) 부동산 펀드 설정 후 1년 이내 자산 매각이 불가한데, 토지매입 후 1년 내 선분양이 진행된다면 자산 매각(=분양)으로 해석될 수 있다.
3) 후 분양 조건으로 회사형 펀드를 설정한 사례는 존재한다.
4) 펀드의 하위 기구로 PFV를 설립하여 출자하는 형식으로 진행할 수 있다.

펀드를 구분해 보자

A. 법적 형태에 따른 구분

구분	종류	내용
신탁형	투자신탁	- 신탁 제도를 활용하여 집합투자업자와 신탁업자 간 신탁계약에 의해 설정한 펀드. 신탁업자가 펀드 관련 제반 법적 행위를 수행 법인격 없으며, 시장에 있는 상품의 대부분 - 등기부등본 상 펀드는 소유주 등재 불가, 신탁사가 소유주로 등재
회사형	공통	- 의사결정기관 : 이사회, 주주총회 - 회사가 부담하는 납세의무 있음(법인세, 부가세 등) - 등기부등본 상 펀드가 소유주로 등재
회사형	투자회사	부동산 투자를 목적으로 상법상 주식회사 형태로 설립
회사형	투자유한회사	부동산 투자를 목적으로 유한회사 형태로 설립
회사형	투자합자회사	부동산 투자를 목적으로 투자합자회사 형태로 설립
회사형	투자유한책임회사	부동산 투자를 목적으로 투자유한책임회사 형태로 설립
조합형	투자합자조합	집합투자업자인 업무집행조합원이 합자조합 업무를 진행하고 대리
조합형	투자익명조합	집합투자업자가 영업자로서 법적 행위 수행

※ 투자합자회사, 투자유한책임회사, 투자합자조합, 투자익명조합은 설립에 대한 법률적 근거는 있으나 실무적으로 설정 사례는 거의 없음

B. 중도환매 가능 여부에 따른 구분

개방형

투자자의 환매가 가능한 펀드로 지속적인 판매 및 환매가 가능하다. 유동성이 상대적으로 여유가 있어 수시환매에 대응할 수 있다면 본 형태를 많이 취한다.

폐쇄형

환매금지형 펀드이며 환금성 없는 자산이나 매일 공정한 평가가 어려

운 자산(부동산, 특별자산)에 투자하는 펀드가 많다. 투자자 보호 차원에서 거래소에 상장할 수 있게 만들어 유동성을 높여주기도 한다. 부동산 공모 펀드는 폐쇄형이지만, 수익증권을 한국거래소에 상장하여 거래할 수 있도록 하여 유동성을 높였다.

C. 추가 불입 여부에 따른 구분

추가형

추가 입금이 가능하며, 펀드에 꾸준한 외부 투자자가 유입되는 구조다. 일반적으로 은행에서 개인들이 접할 수 있는 펀드는 보통 추가형 펀드가 많다.

단위형

추가 입금이 불가능하며, 소수의 투자자들을 모으는 사모 펀드에 많이 사용된다. 부동산 펀드는 대부분 단위형 펀드로 설정된다.

D. 투자자 수에 따른 구분

공모형

50인 이상 불특정 다수 투자자로부터 공개적으로 자금을 모아 설정한 펀드다.

사모형

49인 이하 투자자로부터 비공개적으로 자금을 모아 설정한 펀드다.

구분	공모형 펀드	사모형 펀드
투자자	50인 이상	49인 이하(일반투자자) 100인 이하(전문투자자)
모집 절차	위탁판매사를 통해 공개 모집	자산운용사나 위탁판매사가 비공개 모집
공시의무	있음 (홈페이지 등을 통해 정기/수시 공시)	없음
회계감사	매기 결산마다 회계감사 실시	투자자 요청에 의해 실시
투자금액	특별한 제한 없음	1억 원 이상
배당소득 (투자자)	9% - 농특세 별도 - 투자일로부터 3년 이상 보유 시, 투자 금액 5천만 원 한도로 분리과세	14% - 농특세 별도 - 2천만 원 초과 소득에 대하여 종합합산 과세
재산세 분리과세(펀드)	분리과세	합산과세
비고	- 부동산 개발 펀드의 경우 개발사업 리스크로 인해 공모형 펀드보다는 사모형 펀 드가 선호되고 있음 - 공모형 펀드는 누구나 소액으로 다양한 규모, 형태의 부동산에 투자할 수 있고, 부 동산을 직접 소유해서 발생하는 취득세, 재산세, 종합부동산세 등을 절세할 수 있 음	

E. 투자자에 적격 여부에 따른 구분

일반사모

일반투자자 및 전문투자자가 투자할 수 있는 펀드

기관전용사모

기관투자자가 투자할 수 있는 펀드로 일반투자자는 투자가 불가

F. 투자 자산 유형에 따른 구분

실물형

펀드 재산의 50%를 초과하여 실물 부동산에 투자하는 펀드

대출형

펀드 재산의 50%를 초과하여 부동산 개발사업을 영위하는 법인(이하 시행사) 등에 대한 대출 형태로 투자하고, 대부분 해당 시행사로부터 대출이자를 지급받는 것을 운용 목적으로 하는 프로젝트 파이낸싱Project Financing 형태의 부동산 펀드

재간접형

펀드 재산의 40% 이상을 부동산 펀드에 투자하는 펀드

증권형

펀드 재산의 50%를 초과하여 부동산과 관련된 증권, 리츠REITs 주식, 부동산 개발회사PFV 발행 증권, 부동산 투자목적회사 발행 지분 증권 등에 투자하는 펀드

파생상품형

부동산을 기초자산으로 한 파생상품에 주로 투자하는 부동산 펀드

권리형

신탁 관련 수익권, 부동산 담보부 금전채권, 부동산 펀드(집합투자) 증권 등에 투자하는 펀드

면적 및 건축 관련 용어를 알아보자

면적은 부동산 이해의 기본이다. 면적은 ㎡ 표기가 공식적인 단위이지만, 아직까지 국내에서는 평을 많이 사용하며 평과 ㎡를 병기하는 경우가 많다.

㎡(sqm)

1㎡는 한 변이 1m인 정사각형의 넓이이며, 제곱미터 또는 스퀘어미터라고 읽는다. 국제단위계SI, International System Of Units의 면적 단위로 일반적으로 소수점 둘째 자리까지 표기하고 있다.

평(坪, PY)

1평의 정의는 한 변이 1간인 정사각형의 넓이이며, 1간은 6척(=1.818m)이므로 1평은 약 3.3058㎡이며, 1㎡는 0.3025평이다.

평은 일본이 1900년대 초 우리나라 토지면적을 측정하기 위해 들여온 단위다. 1983년, 토지대장과 등기부등본이 제곱미터 단위로 모두 정비된 후에도 일반인들은 면적 단위로 제곱미터보다 평을 더 많이 사용했다. 2007년 7월 1일부터는 「계량에 관한 법률」 제2조 제1항에 따라 평 단위 사용 금지를 명문화했다. 하지만 그럼에도 아직까지 업계에서조차 평 단위를 더 많이 사용하고 있다.

연면적(Gross Floor Area, GFA)

연면적은 대지에 포함된 건축물 바닥면적의 합계를 말하며 지상층, 지하층, 주차시설 등을 모두 포함한다. 부동산 매매 및 각종 계약의 기준이 되는 단위다. 연면적과 임대면적이 꼭 일치하는 것은 아니다. 연면적은 정해진 숫자로 변경될 수 없지만, 임대면적은 임대인이 전용면적, 공용면적 등을 고려하여 산정한 숫자로 임의로 변할 수 있기 때문이다. 용적률 산정 시 연면적이 활용된다. 이에 대해서는 용적률에서 자세한 내용을 다루겠다.

총임대가능면적(Gross Leasable Area, GLA)

건물의 총 연면적 중 임차인들에게 이미 임대되었거나 임대로 제공될 수 있는 면적의 합계다. 이론적으로는 GFA와 GLA가 같아야 하지만, 임대인이나 PM이 직접 사용하는 면적이 있다면 GFA와 GLA가 다를 수 있다.

대지면적(Lot Area)

대지의 수평투영면적을 말한다. 다만, 1) 대지에 건축선이 정해졌을 때 2) 대지에 도시·군계획시설 도로·공원 등이 있을 때 해당 면적은 대지면적에서 제외된다.

참고 **수평투영면적** 하늘에서 내려다봤을 때 보이는 면적. 수평으로 봤을 때의 면적

건축면적(Building Area)

건축물의 외벽 또는 기둥의 중심선으로 둘러싸인 부분의 수평투영면적을 말하는데, 보통은 1층의 바닥 면적이 해당된다. 처마나 차양 등이 수평거리로 1m 이상 돌출되어 있으면 그 끝에서 1~4m 후퇴한 선까지를 건축면적으로 산정한다. 2층 이상의 외벽이 1층의 외벽보다 밖으로 나와 있을

때에는 그 층의 수평투영면적에 의하여 그 부분의 면적을 가산한다. 일반적으로는 1층의 바닥면적이 건축면적이 된다.

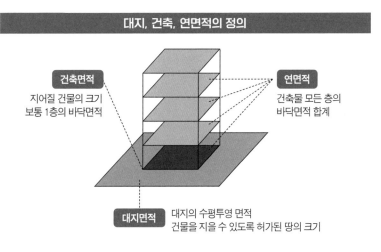

대지, 건축, 연면적의 정의

건축면적
지어질 건물의 크기
보통 1층의 바닥면적

연면적
건축물 모든 층의
바닥면적 합계

대지면적
대지의 수평투영 면적
건물을 지을 수 있도록 허가된 땅의 크기

※대지면적과 건축면적은 수평투영면적으로 경사면을 고려하지 않은 수평면적 기준이다

바닥면적(Floor Area)

바닥면적은 벽, 기둥 등의 구획의 중심선으로 둘러싸인 각 층 부분(실내)의 수평투영 면적으로 연면적 산정의 근간이 된다. 바닥면적은 각 층의 개별 면적을 의미하고 연면적은 각 층의 바닥면적을 합한 면적을 일컫는다.

임대면적(임차면적)

각 임차인이 임대인과 계약 체결 시 사용하는 면적으로 전용면적과 공용면적을 합하여 산정한다. 임대인 입장에서는 임대면적, 임차인 입장에서는 임차면적이지만 같은 용어다.

전용면적(Net Rentable Area)

임차인이 독자적으로 사용하는 오피스 내부 면적인 실내 거주면적을 말하며, 도면을 통해 산출할 수 있다. 물론, 실측을 통해 오차 범위(2%) 이내임을 확인하는 것이 좋다. 임차면적에 전용률을 곱하여 산정할 수도 있으며, 층별로 전용률이 다를 수 있다.

공용면적

공용면적은 임대면적에서 전용면적을 제외한 면적이다. 전용면적은 도면을 통해 산출하기 수월하지만 공용면적은 임대인의 재량에 따라 임의로 책정될 수 있다. 공용면적은 다른 입주사들과 공동으로 사용하는 면적으로 로비, 화장실, 엘리베이터 공간 등이다.

전용, 공용, 바닥면적의 정의

전용면적
임차인이 독자적으로
사용하는 면적

+

공용면적
복도, 화장실, 계단 등
임차인이
공용으로 사용하는 면적

=

임대면적
임대인과 임차인이
계약 체결 시
사용하는 면적

오피스 점유공간	오피스 점유공간
복도	
화장실	엘리베이터	계단실

전용면적

아파트 등의 공동주택에서 방이나 거실, 주방, 화장실 등을 모두 포함한 넓이로 공용면적을 제외한 나머지 바닥의 면적을 뜻한다. 주로 현관문을 열고 들어가는 가족들의 전용 생활공간을 말한다. 다만 발코니는 전용면적에서 제외된다. 주거공용면적은 아파트 등 공동주택에 거주하는 다른 세대와 공동으로 사용하는 공간이다. 계단, 복도, 엘리베이터 등이 이에 해당된다. 전용면적과 주거공용면적을 합한 것을 공급면적이라고 한다. 아파트나 오피스텔 청약 시 주택형(59TYPE, 84TYPE 등)을 표기하는 기준이자, 등기부등본에 기재되는 면적으로 과세표준의 기준으로 쓰인다.

서비스면적

전용면적에 포함되지 않는 발코니 등의 면적으로 확장이 가능하다.

실면적

전용면적과 서비스 면적의 합으로 입주자가 실제 점유하는 면적이다.

주거공용면적

엘리베이터, 계단, 복도 등 입주민들이 함께 사용하는 공간의 면적이다.

공급면적(아파트 분양면적)

전용면적과 주거공용면적의 합으로 아파트 분양가 산정의 기준이 된다.

기타공용면적

놀이터, 주차장, 관리사무소, 노인정 등 입주민들이 함께 사용하는 건물 밖 시설의 면적이다.

계약면적(오피스텔 분양면적)

공급면적(분양면적)과 기타공용면적의 합으로, 아파트 계약 시 계약서에 기입되는 면적이다. 이는 오피스텔 분양가 산정의 기준이 되는 면적이기도 하다.

> 전용면적 = 실제 주거공간의 면적
> 실면적 = 전용면적 + 서비스면적
> 공급면적 = 전용면적 + 주거공용면적(엘리베이디, 계단, 공용복도※ 등)
> 계약면적 = 공급면적 + 기타공용면적

부동산 자산운용사의 개요

※ 공용복도에 관한 보다 자세한 설명은 커리어짐 블로그(blog.naver.com/careergym2020) 참고 요망

용적률

대지면적에 대한 연 면적의 비율을 말한다. 용적률을 산정할 때에는 용적률 산정 연면적이 별도로 있으며, 지하층의 면적, 지상층의 주차용 면적, 주민공동시설의 면적, 초고층 건축물의 피난안전구역 면적은 제외한다. 도시공간의 개발밀도를 합리적으로 이용하기 위해 규제한다.

용적률의 기준은 국토의 계획 및 이용에 관한 법률, 건축법, 자치단체 도시계획포털 등에서 확인할 수 있다. 기본적으로 용적률은 국토의 계획 및 이용에 관한 법률에 의거 용도지역/지구별 최대한도가 정해져 있으나, 지구단위계획을 통해 이를 완화하여 적용할 수 있다. 지구단위계획구역에서는 기준용적률, 허용용적률, 상한용적률로 세분화된다. 부동산을 매수하거나 투자하는 입장에서 용적률은 매우 중요한 요소이므로 이를 잘 확인해야 한다.

용적률 = 용적률 산정 연면적 ÷ 대지면적

용적률의 정의

용적률?

대지면적에 대한 연면적의 비율

4F, 150㎡
3F, 150㎡
2F, 150㎡
1F, 150㎡

연면적
600㎡
(1F+2F+3F+4F)

대지면적 200㎡

$$용적률 = \frac{연면적\ 600㎡}{대지면적\ 200㎡} \times 100\% = 300\%$$

※용적률 계산 시, 지하층 면적은 제외한다.

건폐율

대지면적에 대한 건축면적의 비율을 말한다. 용적률과 함께 도시공간의 개발밀도를 가늠하는 척도로 활용된다. 지구단위계획 수립 시, 법률에서 정하고 있는 기준을 완화하여 적용할 수 있다.

건폐율 = 건축면적 ÷ 대지면적

건폐율의 정의

건폐율?
대지면적에 대한 건축면적의 비율

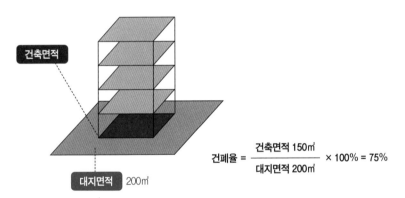

$$건폐율 = \frac{건축면적\ 150㎡}{대지면적\ 200㎡} \times 100\% = 75\%$$

PLUS PAGE 용적률 구분

1. 기준 용적률
지구단위계획구역에서 진면도로의 폭, 경관, 그 밖의 기반 시설 등 입지적 여건을 고려하여 용적률의 범위 안에서 블록별, 필지별로 별도로 정한 용적률을 말한다.

2. 허용 용적률
지구단위계획을 통하여 정해지는 용적률로서 인센티브로 제공되는 용적률과 기준 용적률을 합산한 용적률의 범위 안에서 별도로 정한 용적률을 말한다.

3. 상한 용적률

건축주가 토지를 공공시설 등의 부지로 제공하거나 공공시설 등을 설치하여 제공하는 경우, 또는 공공시설 등 확보를 위하여 공동 개발을 지정하거나 지구단위계획 결정을 통하여 추가로 부여되는 용적률을 기준용적률, 또는 허용용적률과 합산한 용적률의 범위 안에서 별도로 정한 용적률을 말한다.

출처: 서울특별시 도시계획 조례 시행규칙 제2조(정의)
https://www.law.go.kr/%EC%9E%90%EC%B9%98%EB%B2%95%EA%B7%9C/
%EC%84%9C%EC%9A%B8%ED%8A%B9%EB%B3%84%EC%8B%9C%EB%8
F%84%EC%8B%9C%EA%B3%84%ED%9A%8D%EC%A1%B0%EB%A1%80%
EC%8B%9C%ED%96%89%EA%B7%9C%EC%B9%99

[참고] 용적률 관련 참고 사이트

법제처, 건축법 제56조(건축물의 용적률)
https://www.law.go.kr/%EB%B2%95%EB%A0%B9/%EA%B1%B4%EC%B6%95
%EB%B2%95/%EC%A0%9C56%EC%A1%B0
법제처, 국토의 계획 및 이용에 관한 법률 제78조(용도지역에서의 용적률)
https://www.law.go.kr/법령/국토의 계획 및 이용에 관한 법률/(20220721,18310,20210720)/
제78조
법제처, 국토의 계획 및 이용에 관한 법률 시행령 제46조(도시지역 내 지구단위계획구역에서의 건폐율 등의 완화적용)
https://www.law.go.kr/법령/계획 및 이용에 관한 법률시행령/(20220218,32447,20220217)/
제46조
법제처, 국토의 계획 및 이용에 관한 법률 시행령 제47조(도시지역 외 지구단위계획구역에서의 건폐율 등의 완화적용)
https://www.law.go.kr/법령/국토의 계획 및 이용에 관한 법률시행령/(20220218,
32447,20220217)/제47조
법제처, 국토의 계획 및 이용에 관한 법률 시행령 제85조(용도지역 안에서의 용적률)
https://www.law.go.kr/법령/국토의 계획 및 이용에 관한 법률/(20220218,32447,20220217)/
제85조
서울특별시 자치법규, 서울특별시 도시계획 조례 제55조(용도지역 안에서의 용적률)
https://www.law.go.kr/자치법규/서울특별시 도시계획 조례/(8435,20220711)/제55조

건축 용어 및 법규 체계는 어떠할까

건축학과, 법학과 등 관련 학과를 나온 사람들은 건축 용어와 법규 체계의 구조가 부동산을 다루는데 매우 기초가 되는 지식이라는 점을 이해하고 있다. 하지만 그렇지 않다면 다소 생소할지도 모른다. 특히 개발 사업은 법체계를 이해하는 것이 중요하다. 해당 법령에 따라 용적률이 얼마로 산정되는지, 얼마나 용적률을 완화 받을 수 있는지가 수익률에 영향을 끼치기 때문이다. 건축관련 전공이 아니더라도 간단한 건축 용어 정도는 알아 두어야 한다.

국토공간계획의 체계

우리나라 국토공간계획의 체계는 공간적 위계에 따라 크게 1) 국토 및 지역계획 2) 도시계획 3) 건축계획의 3단계로 구분할 수 있다.

먼저, 국토 및 지역계획은 국토를 이용하고 개발하거나 보전할 때 미래의 경제적 · 사회적 변동에 대응하여 국토가 지향하여야 할 발전방향을 설정하기 위한 계획이다. 국토 및 지역계획의 종류로는 「국토기본법」에 의한 국토계획, 「수도권정비계획법」에 의한 수도권정비계획, 「국토의 계

획 및 이용에 관한 법률」에 의한 광역도시계획이 있다.

도시계획은 도시 전체의 미래 모습을 고려하여 바람직한 공간구조를 설계하고 이에 필요한 규제나 유도 정책 또는 정비 수단 등을 마련하여 도시를 건전하고 적정하게 관리하기 위해 수립하는 계획을 말한다. 도시계획은 상위 계획인 국토 및 지역계획에서 정한 방침을 구체화하고, 하위 계획인 개별 건축계획의 지침 역할을 한다. 도시계획은 도시기본계획과 도시관리계획으로 구분되며(군의 경우 군 기본 계획과 군 관리 계획으로 지칭), 그 밖에 도시의 일정한 구역을 개발하고 관리하기 위한 계획인 「도시 및 주거환경정비법」에 의한 도시 · 주거환경정비기본계획, 「도시재생 활성화 및 지원에 관한 특별법」에 의한 도시재생전략계획 등을 수립하여 도시를 관리한다.

건축계획은 도시 · 군 관리 계획에 따라 실제 건축물을 건설하기 위한 계획으로서 집단 또는 개별 건축물의 건설 시 필요한 구조나 설비 등 실질적이고 구체적인 사항을 포함한다.

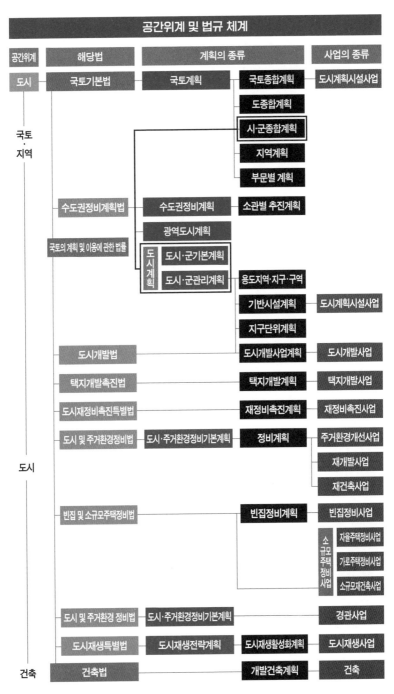

공간위계 및 법규 체계

공간위계	해당법	계획의 종류		사업의 종류
도시	국토기본법	국토계획	국토종합계획	도시계획시설사업
			도종합계획	
국토·지역			시·군종합계획	
			지역계획	
			부문별 계획	
	수도권정비계획법	수도권정비계획	소관별 추진계획	
	국토의 계획 및 이용에 관한 법률	광역도시계획		
		도시계획 도시·군기본계획		
		도시·군관리계획	용도지역·지구·구역	
			기반시설계획	도시계획시설사업
			지구단위계획	
도시	도시개발법		도시개발사업계획	도시개발사업
	택지개발촉진법		택지개발계획	택지개발사업
	도시재정비촉진특별법		재정비촉진계획	재정비촉진사업
	도시 및 주거환경정비법	도시·주거환경정비기본계획	정비계획	주거환경개선사업
				재개발사업
				재건축사업
	빈집 및 소규모주택정비법		빈집정비계획	빈집정비사업
				소규모주택정비사업 자율주택정비사업
				가로주택정비사업
				소규모재건축사업
	도시 및 주거환경 정비법	도시·주거환경정비기본계획		경관사업
	도시재생특별법	도시재생전략계획	도시재생활성화계획	도시재생사업
건축	건축법		개발건축계획	건축

출처: 서울도시계획포털(https://urban.seoul.go.kr/view/html/PMNU1010000000)

용도지역

　토지의 이용이나 건축물의 용도·건폐율·용적률·높이 등을 제한함으로써 토지를 경제적·효율적으로 이용하고 공공복리의 증진을 도모하기 위해 서로 중복되지 않게 도시관리계획으로 결정하는 지역을 말한다.

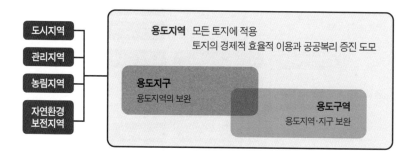

용도지구

　토지의 이용 및 건축물의 용도·건폐율·용적률·높이 등에 대한 용도지역의 제한을 강화하거나 완화하여 적용함으로써 용도지역의 기능을 증진시키고 미관·경관·안전 등을 도모하기 위하여 도시·군 관리계획으로 결정하는 지역을 말한다.

용도구역

시가지의 무질서한 확산방지, 계획적·단계적 토지이용 도모, 토지이용의 종합적 조정·관리 등을 위해 토지의 이용 및 건축물의 용도·건폐율·용적률·높이 등에 대한 용도지역 및 용도지구의 제한을 강화 또는 완화하는 지역을 말한다.

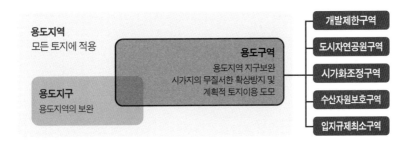

지구단위계획

일부 지역을 대상으로 토지이용 합리화, 기능 증진, 미관 개선, 양호한 환경 확보를 통해 그 지역을 체계적·계획적으로 관리하기 위해 수립하는 도시관리계획의 유형이다. 일반적으로 지구단위계획은 도시지역 내 용도지구, 「도시개발법」에 의한 도시개발구역, 「도시 및 주거환경정비법」에 의한 정비구역, 「택지개발촉진법」에 따른 택지개발지구, 「주택법」에 의

출처: 서울도시계획포털, https://urban.seoul.go.kr/view/html/PMNU3030000000

한 대지조성사업지구 등의 지역 중에서 양호한 환경의 확보나 기능 및 미관의 증진이 필요한 지역을 대상으로 계획을 수립한다.

주요 건축 용어

• 슬래브(Slab)

콘크리트 바닥 또는 지붕처럼 한 장의 판처럼 만든 구조물

• 기둥(Column)

건축물에서 보나 슬래브 등을 받치는 수직 구조물

• 큰 보(Girder)

기둥이나 슬래브 등의 하중을 받치는 수평 구조물로 기둥과 기둥 사이의 보

• 작은 보(Beam)

기둥이나 슬래브 등의 하중을 받치는 수평 구조물로 보와 보 사이의 보

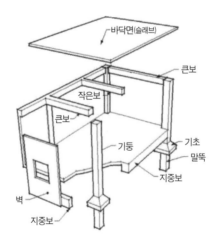

출처: 대한아카데미

• 내력벽(Bearing Wall)

수직하중과 자중을 지지하는 벽으로 상부 구조의 하중을 지지하는 벽체이며, 주로 철근콘크리트 구조로 구성되어 있다. 구조재의 역할을 하며, 공간을 구분하는 역할도 한다. 구조의 역할을 하므로 철거하면 안 된다.

• 비내력벽(Non Bearing Wall)

자중 외에 어떠한 하중도 지지하지 않는 벽체이며, 주로 벽돌, 합판, 석고보드 등으로 구성되어 있다. 구조재가 아니며, 단순히 공간을 구분하는 역할을 하므로 철거하여도 구조에 이상이 없다.

• 신축

건축물이 없는 나대지나 기존 건축물이 철거 또는 멸실된 대지에 새로이 건축물을 축조하는 것을 말한다. 부속건축물만 있는 대지에 새로이 주된 건축물을 축조하는 것을 포함하나 개축 또는 재축에 해당하는 경우는 제외한다.

• 개축

기존건축물의 전부 또는 일부, 내력벽 · 기둥 · 보 · 지붕틀 중 세 가지 이상이 포함되는 경우를 철거하고, 그 대지 안에 종전의 규모와 같거나 작게 건축물을 다시 짓는 것을 말한다. 개축 시에는 반드시 기존건축물에 비해 건축면적 · 연면적 · 높이 · 층수 등의 규모가 같거나 작아야 한다.

• 증축

기존 축물이 있는 대지 안에서 건축물의 건축면적 · 연면적 또는 높이를 증가시키는 것을 말한다. 증축할 때에는 방화·피난 또는 구조상의 문제나 건폐율·용적율·높이제한 등에 관한 법을 정확히 검토해야 한다.

• 재축

건축물이 천재지변이나 기타 재해에 의하여 멸실된 때, 그 대지 안에 종전과 동일한 규모의 범위 안에서 다시 축조하는 것을 말한다.

• 평면도(Floor Plan)

건축물의 약 1.0~1.5m 높이에서 수평으로 자른 가상의 수평단면도로 건물의 평면구조를 보여주는 도면이다.

• 입면도(Elevation)

건축물이나 사물의 외관을 수직면 위에 투영하여 나타낸 투상도를 말한다. 정면도, 배면도, 좌측면도, 우측면도가 있다.

• 단면도(Section)

건물이나 가구의 절단면을 표시하는 도면이다. 건물의 경우 천장높이, 계단 높이 등 높이 방향의 형상과 치수의 표시, 건축 기준법의 높이제한 등을 검토하기 위하여 작성한다. 종단면도와 횡단면도가 있다.

• 배치도(Site Plan)

건물의 배치를 나타내는 도면. 건축물은 1층의 평면도를 나타내는 것이 일반적이지만, 지붕 평면도와 겹하는 상황도 있다.

• 조감도(Aeroview)

높은 곳에서 지상을 내려다본 것처럼 건축물과 지역의 외형을 그린 도면이다. 전체 형태를 시점이 높은 상공에서 그린 그림이다.

• 투시도(Perspective)

원근법을 이용하여 물체를 눈에 보이는 형상 그대로 그린 도면이다. 건물 아래 보도에서 건물을 바라보는 그대로 그린 그림이다.

PLUS PAGE / 건축용어 사이트

- 대한건축학회 온라인 건축용어 사전, http://dict.aik.or.kr/main/
- 건설사업정보시스템 건설용어 사전, https://www.calspia.go.kr/portal/tech/selectConstGlossaryList.do
- 생고뱅이소바코리아 건축용어 사전, https://www.isover.co.kr/glossary#1

부동산 투자 전략

코어(Core)

코어 투자 전략은 좋은 입지에 있고, 우량 임차인이 임차하고 있으며, 공실률이 낮고, 임대료가 꾸준히 들어오는 자산에 투자하는 것이다. 안정적으로 임대료를 얻을 수 있어 위험도가 낮다는 장점이 있지만, 큰 수익을 기대하기는 어려울 수 있다는 게 단점이다.

코어 플러스(Core Plus)

코어 플러스 투자 전략은 코어 전략과 밸류 애드 전략을 혼합한 투자 전략이다. 코어 성격의 자산을 매입 후 일부분 리노베이션을 진행하여 가치를 상승시키는 등의 전략을 사용한다.

밸류 애드(Value Added)

밸류 애드 투자 전략은 코어 자산에 단순히 투자하는 것이 아니라, 해당 자산을 넓은 범위의 리노베이션, 임차인 변경 등을 통해 추가적인 가치를 창출하는 것이다.

오퍼튜니스틱(Opportunistic)

오퍼튜니스틱 투자 전략은 개발사업과 같이 높은 위험을 감수하고 투자하는 것이다. 실물 자산이 없는 상태 또는 기존 자산의 철거 후 새로운 건물을 건축하는 방식이다. 따라서 인허가 리스크, 임대 리스크 등의 다른 전략대비 부담하는 위험도가 매우 크지만, 그만큼 성공했을 때 누릴 수 있는 (개발)이익이 상당히 큰 전략이다.

구분	코어 (Core)	코어 플러스 (Core Plus)	밸류 애드 (Value Added)	오퍼튜니스틱 (Opportunistic)
목표수익률	4~8%	8~12%	10~15%	12% 이상
위험도	낮음	낮음~보통	보통~높음	높음
주요수익	임대수익 80% 자본수익 20%	임대수익 60% 자본수익 40%	임대수익 40% 자본수익 60%	임대수익 20% 자본수익 80%
레버리지	0~40%	40~60%	40~70%	50~80%
특징	좋은 입지와 시설, 우량 임차인이 입주한 부동산에 투자	코어와 밸류 애드를 혼합한 전략	저평가된 부동산의 관리, 시설 개선 등을 통해 높은 수익을 창출하는 전략	개발사업, 재건축 등을 통한 고위험, 고수익을 추구하는 전략

※ 목표 수익률 및 레버리지 등은 절대적인 수치는 아니며 대략적인 수준을 전달하기 위해 기재한 것임

상업용 부동산 투자 시장

부동산 자산운용사에서는 이런 일을 합니다

상업용 부동산이란?

부동산의 사용목적 중에서 오피스, 호텔, 물류센터, 데이터 센터, 골프장, 리테일 등의 상업용 목적(수익을 추구하려는 목적)으로 이용되고 있는 부동산을 말한다.

오피스

상업용 부동산에서 가장 큰 비중을 차지하고 있는 자산 유형이다. 펀드와 같은 간접투자기구는 GBD, CBD, YBD 같은 주요 업무권역의 프라임 오피스를 보유하는 경우가 많다. 오피스는 업무시설이 대부분을 차지하지만, 대형 오피스 건물은 임차인들의 편의를 위해 일부(10% 내외)는 근린생활시설이 입점해 있는 것이 일반적이다.

물류센터

물류센터의 유형으로는 온도 유지가 크게 중요하지 않은 물품들을 보관하는 상온창고, 냉장 및 냉동설비가 갖춰진 저온 창고가 있다. 코로나19 이후 언택트 거래가 보편화되면서 이커머스 산업의 규모가 확대되었고, 이에 따라 물류센터 거래 및 임대차 시장이 활성화되었다. 하지만 원자재 가격 급등 등의 원인으로 최근 물류센터 개발의 사업성이 악화되고 있는 추세다.

리테일

상업시설을 자산으로 보유하고 관리, 임대차를 통해 수익을 창출한다. 대형 쇼핑몰, 아웃렛, 백화점 등이 있다. 임대차계약 구조 중 임차인이 운용비용(재산세, 보험료, 수리 유지비 등)을 부담하는 트리플 넷Triple Net 방식을 주로 적용한다.

호텔

호텔, 리조트 등 숙박시설을 보유하고 관리하며 임차인에게 임대를 통해 수익을 창출한다. 코로나19 이후 호텔 운영의 어려움으로 호텔 매입 후 용도를 변경하여 주거용 또는 오피스로 재건축하려는 시도가 많아지고 있다.

데이터 센터

데이터를 저장할 수 있는 데이터 센터를 소유하고 관리하며 임대를 통해 수익을 창출한다. 산업 변화에 따라 데이터를 저장하려는 수요가 빠르게 증가하고 있어 최근 데이터 센터에 대한 관심도가 점점 더 높아지고 있다.

골프장

코로나19로 인해 국외여행 제한 및 실외 스포츠 선호 추세가 지속되어 국내 골프장에 대한 수요가 증가하였고, 신규 골프인구 유입도 많아졌다. 엔데믹으로 인해 팬데믹 당시 대비 국내 골프 수요는 줄어들 것으로 예상되고 있으므로 장기적인 수요 확보를 위한 차별화된 골프장 경영전략 마련이 필요하다.

대표 지역 구분

국내 오피스빌딩은 서울 도심을 중심으로 3대 권역인 CBD, GBD, YBD로 나뉘며, 나머지는 기타권역으로 분류되고 있다. 또한 근래에는 판교 테크노밸리의 성장으로 분당 및 판교권역을 묶은 BBD권역도 하나의 권역으로 인정받고 있다.

CBD(Central Business District, 도심권역)

광화문을 중심으로 한 종로구, 중구 일대의 업무지구로 1960년대에 개발된 서울에서 가장 오래된 업무권역이다. 을지로, 종각, 광화문, 서울역까지 구축된 인프라로 각종 행정기관, 국내 대기업 및 다국적 기업이 선호하는 전통적인 업무지구다. 지역의 노후화 및 여의도권역 개발로 다수의 기업들(특히 금융기업)이 YBD 및 GBD로 이전하였으나, 최근 도시정비사업을 통해 신규 오피스가 공급되며 옛 명성을 되찾고 있는 추세다. 주요 건물로는 미래에셋 센터원, 광화문 디타워, 그랑서울, 서울파이낸스센터 (SFC) 등이 있다.

- **그로스 리스[Gross Lease]**: 임차인은 임대료만 부담한다.
- **싱글 넷 리스[Single Net Lease(N)]**: 임차인은 임대료 그리고 재산세를 부담한다.
- **더블 넷 리스[Double Net Lease(NN)]**: 임차인은 임대료, 재산세 그리고 보험료를 부담한다.
- **트리플 넷 리스[Triple Net Lease(NNN)]**: 임차인은 임대료, 재산세, 보험료 그리고 유지관리비를 부담한다.

- **판매 가능 객실 수(Available Room)** = 객실 수 × 운영일 수
- **판매 객실 수(Occupied Room)** = 판매 객실 수
- **객실점유율(OCC, Occupancy)** = 판매 객실 수 ÷ 판매 가능 객실 수
- **객단가(ADR, Average Daily Rate)** = 객실매출액 ÷ 판매 객실 수
- **객실 당 매출(RevPAR, Revenue Per Available Room)** = OCC × ADR

예시

구분	내용
객실 수(A)	10개
운영일 수(B)	30일/월
판매가능 객실 수(C=A×B)	300개/월
판매객실 수(D)	150개/월
객실점유율 OCC(E=D÷C)	50%
객실매출액(F)	1,500만 원
객단가 ADR(G=F÷D)	10만 원
객실 당 매출 RevPAR(H=E×G)	5만 원

부동산 자산운용사의 개요

GBD(Gangnam Business District, 강남권역)

테헤란로를 중심으로 한 강남구, 서초구 일대의 업무지구로 1980년대 중·후반에 개발된 업무권역이다. 1990년대 IT붐 당시에 많은 IT기업들이 강남에 정착해 IT 밸리, 테헤란 밸리로 불리기도 했다. 현재는 스타트업, VC, IT기업들이 가장 선호하는 업무지구로 서울에서 가장 낮은 공실률을 보인다. 주요 건물로는 센터필드, 강남파이낸스센터GFC, 파르나스타워 등이 있다.

YBD(Yeouido Business District, 여의도권역)

여의도를 중심으로 한 영등포구, 마포구 일대의 업무지구로 1980년대 초반에 개발된 업무권역이다. 우리가 알고 있는 은행, 캐피털, 보험, 증권 등 주요 금융 기업들의 본사 및 사무실이 여의도 권역에 밀집해 있다. 주요 건물로는 국회의사당, 한국거래소, 파크원, IFC, 63빌딩, LG트윈타워, FKI타워 등이 있다.

BBD(Bundang Business District, 분당권역)

서현역, 정자역, 판교역을 중심으로 한 분당구 일대의 업무지구로 1990년대 초반 분당신도시와 함께 개발된 업무권역이다. 기존 서현역과 정자역 기준으로 형성된 업무권역은 업무권역이라 하기에는 다소 작은 크기였다. 하지만 2000년대 중·후반부터 개발된 판교 테크노밸리의 성장으로 판교 업무지구의 배후 수요를 뒷받침하는 업무지구가 되었다. 분당과 판교를 분리하여 판교는 PBDPangyo Business District라고 부르기도 한다. 수도권 업무지구에서 공실률이 가장 낮으며, 카카오, 네이버, NC SOFT를 비롯한 국내 주요 IT기업들이 포진하고 있다. 주요 건물로는 카카오 판교 아지트, 판교 테크원, 알파돔타워, 분당 두산타워, 네이버 그린팩토리, 현대백화점 판교점, 코트야드 메리어트 서울 판교 호텔 등이 있다.

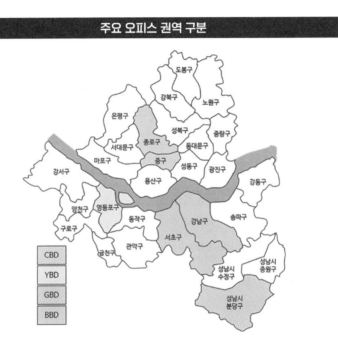

주요 오피스 권역 구분

서울이 이렇게 3대 권역으로 구분되게 된 이유는 도시개발계획을 살펴보면 알 수 있다. 서울시는 1990년부터 5년마다 20년 후 서울의 미래상과 발진방향을 제시하는 서울시 최상위 계획인 도시기본계획을 수립한다. 2014년에 수립된 2030 서울도시기본계획이 가장 최신 자료이며, 현재 서울시는 2040 서울도시기본계획 수립을 위한 업무를 추진 중이다.

위의 그림과 같이 서울의 3도심지는 한양도성CBD, 여의도 영등포YBD,

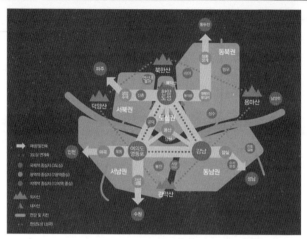

서울 중심지 체계 : 3도심지, 7광역 중심, 12지역 중심

출처: 서울도시계획포털 2030 서울도시기본계획
https://urban.seoul.go.kr/view/html/PMNU2020000000

강남GBD으로 구분되어 있고, 이는 앞에서 언급한 주요 오피스 권역과 일치한다. 이러한 도시개발계획에 따라 개발이 진행되고, 이를 바탕으로 진행되는 개발사업들이 주변 토지 및 건물 가격에 많은 영향을 끼친다.

현재 추진 중인 2040 서울도시기본계획을 살펴보면 기존 중심지 체계 (3도심지, 7광역중심, 12지역중심)는 유지하지만, 산업과 연계하여 집중 육성하여 혁신 축을 활성화하자는 계획이 담겨있다. 더불어 한양도성(CBD 권역)의 규제를 합리적으로 완화하여 개발하려는 의도가 엿보인다.

2040 서울도시기본계획 주요(안)

출처: 서울특별시 도시계획국, 2040 서울도시기본계획 보도자료
https://news.seoul.go.kr/citybuild/policy-plan

국내 물류센터 권역은 수도권을 중심으로 남부권역, 동부권역, 북부권역, 서부권역 이렇게 네 가지 권역으로 분류되고 있으며, 권역별 위치와 특징은 다음 페이지와 같다.

수도권 물류센터 권역 구분

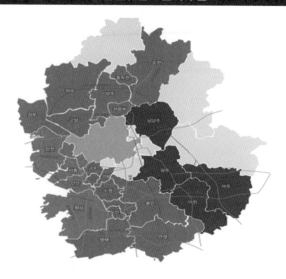

구분	위치 및 특징
남부권역	경부고속도로, 영동고속도로, 평택제천고속도로 등 주요 도로들이 통과하는 교통 요충지로 수도권 및 남부 내륙 간 물류 중심지임. 본 권역에는 용인, 안성, 평택, 오산, 수원, 군포 등이 속하며, 풍부한 배후수요 및 용이한 서울 접근성이 확보되어 물류 업체 및 유통 업체 임차수요가 활발함
동부권역	영동고속도로, 중부고속도로 등 우수한 도로 인프라를 기반으로 개발되어 온 전통적인 물류거점 지역으로, 이천, 여주, 광주, 남양주 등이 본 권역에 속함. 특히 두 고속도로가 교차하는 이천에는 가장 많은 수의 물류센터가 운영 중이며, 다양한 강소 로컬 물류업체가 위치하는 것이 특징임
북부권역	신흥 물류센터 부동산 시장으로, 김포, 고양, 파주, 의정부, 양주, 동두천, 포천 등이 본 권역에 속함. 수도권 제1순환 고속도로 접근이 용이한 고양, 김포에 물류센터가 집중되어 있음
서부권역	인천항 및 인천공항을 통한 수출입품 및 공단 생산품 위주의 물류센터가 주로 위치한 권역으로, 인천, 부천, 시흥, 안산, 광명, 화성 등이 본 권역에 속함. 최근 인천을 중심으로 초대형 복합 물류센터 공급이 가장 활발한 권역이며 저온창고 물량이 빠르게 축적되고 있음

출처: 교보리얼코

상업용 부동산 시장의 현 주소

오피스가 주 투자대상이었던 과거와 달리 물류와 호텔 등의 투자섹터에 대한 투자 규모가 증가하고 있다. 특히, 2021년에는 물류센터에 대한 투자 금액이 전체 상업용 부동산 투자 금액의 20% 수준까지 증가하였다.

한편, 코로나19로 인한 호텔 운영 어려움으로 호텔 영업종료 후 개발목적의 거래가 활발히 이루어지며 호텔 자산의 투자비중도 증가하고 있다. 연평균 약 2조 원대였던 호텔 투자 규모는 2021년에는 3조 원에 가까운 규모로 커졌다. 리테일 자산의 경우 자산유동화를 원하는 유통 대기업들이 보유하고 있던 쇼핑몰 등 자산 매각을 활발히 진행 중이다.

앞으로 프라임 오피스 및 물류에 대한 선호는 지속되나, 데이터 센터, 바이오 R&D 센터, 시니어 하우징 등의 신규 섹터에 대한 투자자들의 관심도 증가하며 투자 섹터가 더욱 다양화될 것으로 보인다.

2021년, 서울 프라임 오피스의 투자 규모는 오랜 기간 지속된 저금리와 풍부한 자금 유동성의 수혜를 받아 역대 최대인 약 13조 원을 기록했다. 2021년 역대 최대 투자 규모를 달성했던 서울 프라임 오피스 투자 규모는 2022년부터는 감소하는 추세로 돌아섰다.

이는 프라임 오피스에 대한 투자자의 선호도나 인기가 떨어져서가 아니라, 금리 인상으로 인한 투자자들의 신중한 투자 태도와 투자 가능한 프라임 오피스 빌딩의 매수 기회가 줄어들었기 때문인 것으로 분석된다.

부동산 시장에 대한 마켓리포트는 다음 페이지의 전문 업체들이 주기적으로 발행하고 있다. 시장 동향을 파악하기 위해서 이들이 발행하는 정기 뉴스레터 구독을 신청하고, 정기적으로 발간하는 마켓리포트도 정기적으로 확인하는 것을 추천한다.

PLUS PAGE / **마켓리포트**

- 교보리얼코 https://www.kyoborealco.co.kr/insight/marketreport
- 세빌스 https://www.savills.co.kr/insight-and-opinion/
- CBRE https://www.cbrekorea.com/insights
- 쿠시먼앤웨이크필드 https://www.cushmanwakefield.com/ko-kr/south-korea/insights
- JLL https://www.jll.co.kr/ko/trends-and-insights
- 컬리어스 https://www.colliers.com/ko-kr/research
- 젠스타메이트 https://www.genstarmate.com/kr/sub/research/list.asp?s_cate=%EC%98%A4%ED%94%BC%EC%8A%A4
- 서울프라퍼티인사이트 https://seoulpi.co.kr/

코로나19로 인한 호텔운영 어려움으로 호텔 영업종료 후 개발 목적의 거래가 활발히 이루어지며 호텔 자산의 투자 비중 또한 증가하고 있다. 연평균 약 2조 원대였던 호텔 투자 규모는 2021년에는 3조 원에 가까운 규모로 커졌다. 리테일 자산의 경우 자산유동화를 원하는 유통 대기업들이 보유하고 있던 쇼핑몰 등 자산 매각을 활발히 진행 중이다.

앞으로 프라임 오피스 및 물류에 대한 선호는 지속되나, 데이터 센터, 바이오 R&D 센터, 시니어 하우징 등의 신규 섹터에 대한 투자자들의 관심도 증가하며 투자 섹터가 더욱 다양화될 것으로 보인다.

투자의 검토 파트에서는 투자가 실제로 진행되는 과정 - 잠재 투자물건에 관한 에비 사업성 검토부터 매매계약 및 대출약정, 거래 종결과 정산까지 - 을 다룰 것이다. 편의를 위해 일반적으로 투자 검토 및 실행이 진행되는 순서대로 기재하였으나 반드시 이 순서를 따라야만 하는 것은 아니다. 양해각서 및 매매계약서 등 중요한 협약/계약서에서 반드시 다뤄주어야만 하는 조항(term)들을 설명했으나 실제 협약/계약 체결 시에는 투자 건별로 상황에 맞게 조항들을 가감해야 한다.

PART 2

부동산 투자의
검토

예비 사업성 검토

예비 사업성 검토

부동산 펀드 또는 리츠를 통해 부동산을 매입하는 프로젝트의 종착점은 타인자본Loan 및 자기자본Equity을 조달하여 투자 대상을 매입(부동산 소유권의 이전)하는 것이다. 매매계약을 체결하기에 앞서 매수인은 투자 대상에 대한 실사 절차 및 투자자를 모집하는 과정이 필요하다. 따라서 매매계약을 체결하기에 앞서 일정 기간 동안 독점적(배타적인) 협상 권한을 부여받는 양해각서를 체결하게 된다(드물지만 예외적으로 상호 신뢰를 바탕으로 양해각서 체결 절차를 생략할 수도 있음).

예비 사업성 검토는 양해각서를 체결하기 전까지, 즉 독점적 협상 권한을 매수인이 확보하기 전까지의 준비 과정-딜 소싱Deal Sourcing, 펀드 레이징, 투자 구조 검토, 시장조사, 사업성 검토 및 관련 약정서 검토 제반 사항을 포함한다-을 의미한다. 통상적인 매도인 우위의 부동산 시장에서 잠재매수자가 독점적 협상 권한을 확보하는 것은 수많은 경쟁자를 제치고 서류전형을 통과한 것과 같다.

딜 소싱 [Bidding(입찰) vs Off market(수의계약)]

딜소싱은 투자 대상 물건을 발굴하고 이를 상품화하는 것을 의미한다. 투자 대상 물건을 발굴하는 방법은 크게 입찰 대상에 제한이 없는 공개 경쟁 입찰 / 입찰 대상을 제한하는 제한 경쟁 입찰 등과 같은 입찰Bidding 형태와 매도인과 직접 협의하여 발굴하는 수의계약Off Market 형태로 구분할 수 있다. 1,000억 원 이상의 준공이 완료된 상업용 부동산(실물)은 잠재 매수인 풀이 넓기 때문에 입찰 형태로 매매 거래가 이뤄지는 것이 일반적이다. 준공이 완료되지 않고 공사가 진행 중인 부동산도 준공을 전제로 준공 전에 매매계약을 체결할 때 통상 입찰 형태로 거래가 이뤄진다. 반면, 개발을 목적으로 거래되는 토지는 수의계약 형태로 거래되는 경우가 많다.

입찰 형태로 매각이 이뤄질 때 매도인의 매각계획 수립 시점부터 우선 협상대상자 선정까지 통상 6개월 내외의 일정이 소요된다. 경쟁자가 많은 공개경쟁 입찰 물건은 남들보다 먼저 사전에 매각이 예상되는 물건을 포착하고 투자자와 빠르게 소통하는 것이 유리한 고지를 점할 수 있는 방법이다. 매도인, 부동산의 매각을 주선하는 자문사와는 꾸준하게 관계를 형성하고 소통하여 잠재 매물을 빠르게 발굴하며, 이를 매수할 능력이 있는 잠재투자자의 니즈를 재빨리 파악하는 것이 딜소싱의 핵심이다.

수의계약 거래는 경쟁 형태의 입찰 절차가 생략된다. 그렇지만 부동산 매각을 중개하는 부동산중개법인 또는 브로커가 이 과정에 참여하여 매

매입 프로세스		
구분	주체	일정
매각 계획 수립	매도인	D - 6개월 내외
매각 자문사 선정	매도인	D - 3개월 내외
매각 마케팅 진행	자문사	D - 2개월 내외
입찰 및 우선협상대상자 선정	자문사	D - Day

도인과 잠재 매수인이 매매계약 협의를 진행하는 일도 더러 있다. 수의 계약 거래에서 투자 대상 물건을 발굴하는 가장 확실한 방법은 실적Track Record을 통해 매도인 및 브로커들에게 신뢰를 쌓는 것이다. 한 예로 지방의 부지를 매입하여 생활형숙박시설을 개발하는 프로젝트를 성공적으로 완료한 모 운용사가 있다. 이 팀의 실적이 부지 소유주들에게 소문나면서 해당 팀에게 휴양 시설 개발한 부지와 관련해 수많은 오퍼가 들어왔다. 지금은 또 다른 휴양 시설을 개발하는 프로젝트를 진행 중에 있다고 한다. 명심해야 할 것은 딜소싱은 단순히 투자 대상 물건을 발굴하는 것이 아니라 상품화를 완료하는 것까지를 의미한다는 점이며, 이는 펀드 레이징과 연결된다.

예비 펀드 레이징

상업용 부동산시장에서 간접투자기구를 이용해 투자 대상 물건을 매입하기 위해서는 론Loan 및 에퀴티Equity의 조달이 필요하다. 상품화는 투자 대상 물건을 구조화하여 론 및 에퀴티 투자자들이 투자할 수 있는 금융 상품

(펀드, 리츠 등)화 하는 것을 의미한다. 예를 들어 연간 순영업 이익 58억 원을 수취할 수 있는 오피스를, 부동산 펀드를 통해 1,000억 원에 매입하고 펀드 총 보수가 4억 원이라고 가정할 경우 54억 원의 순이익을 창출하게 된다. 이때 해당 부동산을 매입하기 위해 1,000억 원의 에쿼티 투자자 모집하는 A상품을 만들 수도 있고, 600억 원의 론과 400억 원의 에쿼티를 각각 조달하는 B상품을 만들 수도 있다. 만약 시장에 해당 부동산을 기준으로 5.4%[순이익(54억 원)/투자금액(1,000억 원)=5.4%]의 요구수익률을 가진 투자자로부터 1,000억 원의 투자 자금을 모집할 수 있다면, 전액 에쿼티로 이루어진 A상품을 구성할 것이다.

하지만 반대로 수익률이 다소 낮아도 안전한 상품을 찾는 투자자와 높은 위험을 부담하며 수익률을 높이고 싶은 투자자가 시장에 혼재한다고 가정해 보자. 이때 3.0%의 고정된 이자를 제공하는 론 상품과 이자를 지급하고 남은 돈을 분배 받지만 이자보다 높은 수익률을 얻어 갈 수 있는 에쿼티 상품을 각각 만들어 시장에 제공해야 할 것이다.

(※1) A상품 및 B상품의 투자내역 및 조달내역

단위: 억 원

투자내역	금액	조달내역	금액
오피스	1,000	론(이자율 3.0%)	400
		에쿼티	600
합계	1,000	합계	1,000

투자내역	금액	조달내역	금액
오피스	1,000	에쿼티	1,000
합계	1,000	합계	1,000

(※2) A상품 및 B상품의 연간 손익계산서 비교

구분	내용	비고
순영업이익	58	연간 임대수익에서 연간 운영비용을 차감
이자비용	-	론 조달하지 않음
펀드보수	4	
순이익	54	
배당금액	54	ROE = 54(순이익)/1,000(에쿼티) = 5.4%

구분	내용	비고
순영업이익	58	연간 임대수익에서 연간 운영비용을 차감
이자비용	12	400(론) x 3.0%(이자율) = 12
펀드보수	4	
순이익	42	
배당금액	42	ROE = 42(순이익)/600(에쿼티) = 7.0%

위의 예는 동일한 부동산 상품에 대해 조달 방법을 달리하며 대상 상품을 다르게 구성하는 방법이 많다는 것을 보여주기 위한 것이다. 조달 방법뿐만 아니라 투자 대상 상품을 다르게 구성하는 많은 방법이 존재하지만이 부분에 대해서는 추후 설명하겠다.

예비 펀드레이징은 투자대상을 발굴하고 상품화하는 데 있어 해당 투자대상을 투자자들의 선호(위험에 따른 요구수익률)에 맞춰 상품화할 수 있도록 투자자들과 사전에 소통하고 그들의 니즈를 파악하는 것을 의미한다. 잠재 매수인은 필요에 따라 거래 종결의 신빙성을 어필하기 위해 매도인에게 잠재투자자로부터 투자의향서나 투자확약서를 징구하여 제출하는 경우도 있다.

CA(비밀유지약정)과
매도인의 인포메이션 메모랜덤(투자설명서)

　예비사업성 검토를 위해서는 매도인이 보유한 투자 대상 부동산에 대한 공개된 정보 외 영업과 관련된 기밀정보가 필요하다. 잠재 매수인이 해당 정보를 활용함에 있어 해당 기밀 정보의 범위, 기밀 정보를 공유할 수 있는 주체의 범위, 기밀 유지 기한, 손해배상 등에 대해 매도인과 약속하는 합의서가 비밀유지약정CA, Confidentiality Agreement이다. 비밀유지약정은 매도인이 기밀 정보에 대해 민감하게 간주하는 수준에 따라 간혹 생략되는 때도 있고, 통상 잠재 매수인만 날인하는 서약서 형태로 체결되기도 한다. 잠재 매수인이 부동산 펀드 또는 리츠일 때 해당 자산운용사 또는 리츠AMC의 담당자 날인으로 갈음하는 일도 종종 있다.

　입찰 형태로 부동산 매각이 이루어질 때 자문사들은 다수의 잠재 매수인에게 공개된 정보를 담은 안내자료(5페이지 내외)를 만들어 별도의 비밀유지확약 없이 배포하게 되는데, 이것이 요약투자소개서(Teaser MemorandumTM, 요약투자설명서)다. 요약투자소개서에는 매도인 정보, 매각 대상 자산의 정보, 위치, 예상 일찰 일정 등의 내용이 포함되고 제한경쟁입찰과 같이 잠재 매수인을 한정 짓는 상황이 아닐 때는 다수의 잠재 매수인들에게 배포된다.

　IMInformation Memorandum은 요약투자소개서에 포함된 정보 외에 임대차계약 세부내역을 담은 렌트롤Rent-Roll, 운용비용에 관한 정보 등 세부 정보를 담은 문서다. IM에 표현하기 힘든 재무정보 및 Q&A 내역은 별도 엑셀파일 또는 이메일 형태로 제공되기도 한다. IM은 매도인 및 매각 대상

자산에 대한 상세 정보를 담고 있기 때문에 배포하기 전에 비밀유지약정을 징구하는 것이 일반적이다.

추가적으로 입찰 형식을 띠는 거래는 다수의 입찰자가 입찰 결과 비교를 쉽게 하기 위해 매입의향서 등 서류 양식을 정형화하고 입찰 절차를 부연 설명하는 입찰안내서까지 작성해 입찰 패키지Bid Package 형태로 배포할 때도 있다.

시장조사, 사업성 검토 및 재무모델의 작성

상업용 부동산을 매입함에 있어 사업성 검토는 전체 사업의 근간이라고 볼 수 있다. 부동산 펀드 또는 리츠는 상업용 부동산을 매입하고 이를 상품화하려면 해당 투자 상품의 수익률을 산출해야 한다. 여기서 사업성 검토는 수입, 비용 가정에 따라 수익률이 변동될 수 있는 지분형Equity에 대한 수익률 분석을 의미한다.

구분	대출형 상품(Loan)	지분형 상품(Equity)
기초자산	상업용 부동산	
투자주체	부동산 펀드 또는 리츠	
투자상품	상업용 부동산을 담보로 부동산 펀드 또는 리츠가 조달할 담보대출	상업용 부동산을 취득한 부동산 펀드 또는 리츠의 수익증권 또는 주식
투자기간	통상 3~5년	통상 3~7년
투자금액	통상 부대비용을 포함한 부동산 매입금액의 60% 이내	통상 부대비용을 포함한 부동산 매입금액의 40% 내외
투자기간 기중 수입	이자·이자율	잔여 배당·분배율/배당률
투자기간 기말 매각차익	없음	존재

수익률 분석 방식은 회수기간법, 기별 배당률Return On Equity 또는 Cash On Cash Yield, 에쿼티 멀티플Equity Multiple, NPVNet Present Value 및 IRRInternal Rate Of Return 등 다양한 분석 방법이 존재하나 상업용부동산 시장에서 사용되는 수익률은 크게 두 가지로 구분할 수 있다. 모두 연환산 수익률을 기준으로 사용하며 실물/개발 프로젝트 모두 혼용되는 수익률은 IRR이다. 연환산 수익률의 개념에 대해서는 이 책의 이익 분배 - 수익률 계산 부분에서 보다 자세히 기술하였으니 해당 부분을 확인하기 바란다.

구분	시간가치 할인여부	매각차익 포함 여부	실물 프로젝트	개발 프로젝트
배당률	비할인	미포함	O	X
IRR	할인	포함	O	O
에쿼티 멀티플	비할인	포함	X	O

사업성 검토를 위해서는 재무모델 작성이 필요하다. 이 부분에 대해서는 이 책의 재무모델 작성 파트를 참고하기 바란다. 사업성 검토의 대표적인 아웃풋Output은 배당률과 매각차익을 포함한 IRR 및 에쿼티 멀티플이다. 이러한 사업성 검토를 위해서는 수많은 인풋Input이 투입되어야 한다. 인풋은 매입금액, 임대료, 제세공과금, 이자율, 건물 관리비용 등도 있지만 향후 신규 및 재계약시 적용될 임대료, 공실이 해소되기 위해 필요한 리스-업Lease-Up 기간, 담보대출을 향후 리파이낸싱 해야 할 때의 그 이자율, 예상 매각가 등의 변수도 있다. 이러한 변수는 해당 사업의 분석에 중요한 요소로 작용하므로 시장분석 등 면밀한 분석 과정을 거쳐 도출한 가정Assumption을 재무모델에 반영해야 한다.

시장 조사는 사업성 검토에 필요한 주요 가정Input Data에 대해 투자자가 확신을 갖고 투자에 참여할 수 있도록 하기 위한 목적으로 실시하게 된다. 투자 대상 부동산과 관련된 협역/광역 부동산 매매 및 임대시장, 공급과 수요 더 나아가 거시경제에 대한 리서치를 통해 운용역이 제시하게 되는 가정이 합리적인 수준임을 어필하는 것이 주 목적이다.

예를 들어 오피스 또는 물류센터에 공실이 있을 때 과거 사례를 조사하거나 수요 및 공급 추이를 분석함으로써 공실 해소 기간에 대한 투자자의 의문을 해소시킬 수 있다. 과거 인근 지역 또는 유사한 시장 상황 하의 비

연습문제

초과 배당을 통한 수익률 안배

부동산 펀드의 에쿼티 투자자는 운용 기간 개시 일에 투자원금을 펀드에 출자하고 이후 운용기간 동안 매 회계기간 말마다 당기순이익을 배당금으로 수취하고 운용기간 종료 시점에는 부동산 매각을 통해 발생하는 매각차익을 청산 시 투자원금과 함께 수취하게 된다. 이때 해당 에쿼티 투자자의 현금흐름은 아래와 같이 투자원금, 운용기간 배당 및 매각차익 배당 세 가지 현금흐름의 합계로 구성된다. 아래 투자자의 매각차익 불포함 배당률과 IRR은 어떻게 산정될지 알아보자. 그리고 1년 차 말의 배당률을 2년차 수준으로 상향 조정하기 위해 1년 차 배당금을 당기순이익(아래 표에서 (+)1)을 초과하는 (+)6만큼)을 배당하였을 경우 매각차익 불포함 배당률과 IRR에 미치는 영향을 검토해 보자.

구분 (회계기간은1년)	1기초 (최초 투자시점)	1기 말	2기 말	3기 말	4기 말 (매각시점)
투자원금	(-)100	-	-	-	(+)100
운용기간 배당※	-	(+)1	(+)6	(+)7	(+)7
매각차익 배당	-	-	-	-	(+)20
현금흐름 합계	(-)100	(+)1	(+)6	(+)7	(+)127

※ 당기순이익을 전액 배당하는 것으로 가정

교 가능 자산의 공실 해소 기간을 보여줄 수도 있다. 또는 인근 유사 자산의 건축 허가 내역을 조사하여 공급 추이를 파악하고 잠재 임차인별 사업 계획과 임차의향을 파악해 수급 동향 및 추이를 확인하면 이를 바탕으로 주요 가정을 합리적으로 추정할 수 있다.

매입의향서 제출 및 우선협상대상자의 선정

수의계약 거래에서는 매도인과 단일 잠재 매수인과 직접 협상을 진행하는 일이 대다수이므로 우선 협상자 선정 절차 없이 양해각서를 체결하고 실사 및 매매계약을 체결하게 된다. 그러나 입찰을 통해 다수의 잠재매수인을 대상으로 매각이 진행될 때에는 좀 더 복잡한 과정을 거친다. 입찰일까지 매입의향서를 제출한 잠재 매수인을 대상으로 복수의 최종 후보군Short List을 선정하고, 해당 최종 후보군을 대상으로 인터뷰를 진행하여 매입의향서의 내용을 검증한 뒤, 우선 협상 대상자를 선정하게 된다.

매입의향서는 매도인이 잠재 매수인을 우선협상자로 선정할 수 있도록 아래의 내용이 신빙성 있게 준비되어야 한다. 매도인이 복수의 최종 후보군을 선정한 뒤에 시장에 모종의 경로로 입찰자별 입찰가 정보가 유출되는 일이 종종 있다. 일부 매수인이 이를 전략적으로 이용, 매입금액을 상향 조정하거나 매입 조건을 완화하여 결국 우선협상대상자로 선정되기도 한다.

구분	비고
매입대상	IM 또는 입찰안내서를 통해 매매 대상이 명백히 기재되는 경우가 대부분이다. 토지, 건물 외 부수 토지가 존재한다거나, 소유권이 아닌 지상권 등 기타 형태의 권리가 존재할 때 매매 대상을 구체적으로 기재해야 한다.(예: 서울시 강남구 역삼동 1번지 외 3개 필지 토지, 그 지상 건물 및 부속물 일체)
매입금액	통상 부동산은 토지와 건물로 구성되어 있으며, 부가가치세법상 상업용 부동산의 매매 시 건물분에 대해서는 10%의 부가가치세를 매도인이 매수인으로부터 징구하여 세무서에 납부해야 한다. 매입금액으로 기재되는 금액이 해당 부가가치세가 포함되는지 여부를 명확히 기재해야 한다.(예: 1천1백억 원, 건물분 부가가치세 별도)
매입조건	매입대상 부동산에 어떠한 부담(근저당권, 가압류 등 소유권 행사에 방해가 될 수 있는 제한 사항)이 존재하지 않은 완전한 소유권의 이전은 기본적인 매입 조건 중에 하나다. 매입 조건은 매도인 또는 매수인의 요구사항에 따라 자유롭게 추가 또는 변경될 수 있다. 예를 들어 매도인이 현재 전체 면적의 60%의 임대가 완료된 자산을 매각할 경우 매수인들은 잔여 공실 40%에 대한 공실 해소 리스크(예: 최소 12개월이 소요된다고 가정할 경우)를 고려하여 매매가격을 산정할 수 있다. 이때 매도인은 12개월간 해당 공실에 해당하는 임대료를 잠재 매수인에게 보전하는 조건을 제시할 수 있으며, 잠재 매수인은 해당 조건을 매입 조건을 기재하고 이를 감안한 매입금액을 제시할 수 있을 것이다. 반대로 매수인이 현재 매매 대상 부동산의 기존 임차인보다 더 높고 안정적인 임대수입을 지급할 수 있는 임차인을 보유하고 있거나, 매입 후 단기간 내 재건축을 계획하고 있다면 매입 조건에 기존 임차인의 명도를 조건으로 제시할 수도 있다. 상기 예시는 투자 대상 자산에 대한 사업계획을 다변화해 다양한 상품이 창출될 수 있다는 것을 보여주기 위한 것이다. 조달 방법의 다변화를 통해 새로운 상품을 창출할 수도 있고, 투자 대상의 사업계획 다변화를 통해서도 동일한 부동산을 가지고 새로운 상품을 만들어 낼 수 있다는 것이 핵심이다.
투자구조 및 조달내역	매도인의 우선 협상자 선정 과정에 있어 핵심 사항은 높은 가격과 거래 종결 가능성이다. 거래 종결 가능성은 잠재 매수인이 자금을 조달하여 잔금을 적시에 지급할 수 있는지 여부로, 조달 예정인 론 및 에쿼티의 투자자가 누구인지 해당 투자자로부터 확약 또는 승인을 받았는지의 여부를 기재한다. 통상 매입의향 단계에서는 실사가 이뤄지기 전 단계이므로 투자자의 매입의향서(LOI, Letter Of Intent) 또는 최종 승인 조건부 매입확약서(LOC, Letter Of Commitment)를 제출하게 된다.
일정	양해각서 체결 이후 실사에 소요되는 기간, 매매계약 체결 및 계약금 지급일 소요되는 기간, 거래 종결 및 잔금 지급일까지 소요되는 기간을 기재한다. 실사에 소요되는 시간 및 계약금, 잔금에 소요되는 시간은 투자자의 심의 및 캐피털콜(Capital Call) 가능 일정을 고려하여 산정되어야 한다. 통상 실사는 최소 4주 이상 소요되고 투자자 승인 또한 실사 보고서 수령 후 4주 이상 소요될 수 있어 투자자들과 사전에 면밀하게 협의하여야 한다.

양해각서 체결 및 실사
(매매계약을 체결할 때까지)

양해각서 체결

양해각서는 매매계약의 근간이 되는 계약이다. 매매계약 체결을 위한 독점적 협상기간 및 조건과 실사 기간을 규정하게 된다. 향후 매매계약이 불발될 경우 향후 소송의 기초 자료로 사용될 가능성이 높으므로 매매계약에 준하는 사전 준비가 필요하다. 양해각서 체결 시 각 항목별로 참고해야 할 사항은 아래와 같다.

구분	내용
매매 대상	매매 대상을 구체적으로 명기하며 매입의향서보다 구체적인 세부 목록(매매 대상 토지 지번별 면적, 지분율, 부수토지※ 등 매도인이 매매계약을 통해 매각할 매매대상 일체를 기재)을 기재하게 되며 이 부분이 향후 매매계약상 매매 대상물로 기재될 것을 고려해 작성한다. ※부수토지 : 건물이 정착하고 있는 면적 외의 토지
매매 대금	매도인과 잠재 매수인이 합의한 매매 대금(통상 건물분 부가가치세 제외 기준)으로 향후 실사를 통해 또는 준공 전 선매입의 경우 향후 준공 시 임대 가능 면적이 조정될 때 거래 종결 시점 기준으로 매매 대금을 조정하는 로직을 합의하게 된다. 또한 계약금, 중도금 및 잔금의 비율에 대해서도 합의를 하게 되며 통상 계약금 10%, 잔금 90% 기준으로 합의하나 거래 상황에 따라 달라질 수 있다.

매입 조건	매도인은 실사를 통해 발견될 수 있는 중대한 하자를 제외하고는 매매 대금을 조정할 수 없도록 현 상태 그대로(As-Is Basis) 매각하는 조건으로 양해각서를 체결하는 것을 선호한다. 양해각서는 매매계약을 체결하는 근간이 되므로 현 상태 그대로 매매 대금을 합의할 때 향후 실사를 통해 발견한 사항들을 바탕으로 매매 대금을 감액하거나 매매계약상 손해 배상을 요구할 수 있는 하자(각종 확약사항 또는 진술 및 보장 사항 등)에 보상을 요구하는 매매계약 협상 시 불리한 요소로 작용할 수 있다. 다만, 매매계약은 수많은 거래 조건을 토대로 협상하게 되므로 양해각서 상 합의된 내용은 양 당사자가 합의한다면 언제든 변경해 반영될 수 있다. 이외에도 매도인의 제시하는 거래 조건(예를 들어, 공실 보전 조건) 또는 매수인의 사업 계획에 따라 수반되는 거래 조건(예를 들어, 기존 임차인 명도 조건)이 매입 조건으로 협의될 수도 있다. 잠재 매수인이 리츠인 경우 국토교통부의 리츠 인가를, 공정거래위원회의 기업결합신고가 필요한 때는 해당 인허가를 조건으로 기재할 수도 있다.
독점적 협상 기간 및 추가 조건	잠재매수인에게 부여되는 독점적 협상 기간동안 매도인은 다른 잠재 매수인과 협상을 진행하거나 매각을 위한 마케팅을 진행하지 않게 된다. 통상 독점적 협상 기간은 실사 기간(최소 4주) 및 매매계약 협상 기간(최소 4주)을 합쳐 총 8주 이상을 부여하게 된다. 이는 잠재 매수인 입장에서는 투자자 모집 기간에 해당하게 되며, 양해각서 체결 시 독점적 협상 기간의 연장에 관한 권한을 사전 협의하게 된다. 매도인 우위 시장에서 독점적 협상 기간 연장을 위해 잠재 매수인에게는 추가 조건이 부여되는 경우가 많다. 예를 들어 독점적 협상 기간이 8주일 때 실사 기간이 종료되는 시점에 투자자의 조건 없는 투자확약서를 제출하지 못 할 때 우선 협상자 지위를 박탈하는 조항을 추가할 수도 있고, 이행보증금을 사전에 지급하는 것을 독점적 협상기간 부여의 조건으로 제시할 수도 있다.
비밀 유지	통상 12~24개월간은 비밀유지 의무가 부여되며 매매계약 체결 시 해당 의무는 소멸되고 매매계약에서 비밀유지 의무를 새롭게 규정하게 된다. 비밀 유지는 비밀 유지 정보의 범위가 무엇인지 정의(예를 들어 공개된 정보 등은 정의에서 제외) 하고 해당 비밀 유지 의무가 배제되는 당사자에 대해서도 규정해야 한다. 잠재 매수인은 실사 정보를 대주를 포함한 투자자와 그 임직원, 실사 자문기관에 공유하게 되므로 예외 대상에 투자 매입 검토를 위해 필요한 당사자들을 추가하고 법령, 감독기관 등의 요청에 대해서도 비밀 유지 예외사항으로 규정해야 한다.
손해 배상	양해각서는 당사자들 간의 매매 의향을 명시하고 매매계약 체결 시까지 당사자들의 권리, 의무 및 본 건 거래의 중요한 거래 조건을 미리 정한 것으로, 별도의 법적 구속력이 없다고 명기하지 않을 경우 해당 의무를 이행하지 아니한 일방 당사자는 상대방 당사자에게 손해배상 책임이 존재하는 것이 원칙이다.
해제	통상 양해각서의 계약 해제는 독점적 협상기간 만료일까지이며 매매계약이 체결될 때 양해각서는 자동 해제된다. 다만 일방 당사자의 귀책으로(예를 들어 독점적 협상 기간 내에 잠재 매수인이 계약을 체결하지 못 한 경우 등 양해각서 상 법적 구속력이 있는 의무를 이행하지 못하였을 때) 양해각서가 해제될 때 상대방 당사자는 일방 당사자에게 예정된 손해배상금, 즉 위약금을 물거나 이행보증금을 몰취하는 약정을 할 수도 있다. 통상 이행보증금은 반환 가능한(Refundable) 형태로 계약을 체결하나 잠재 매수인이 거래 종결에 대한 확실성을 제고하기 위해 반환 불가(Non-Refundable) 형태로 이행보증금을 납입할 수도 있다.

실사기관의 선정 그리고 수수료

양해각서의 체결은 본격적인 거래의 시작을 의미한다. 양해각서 체결 이후 거래가 어려움 없이 아주 빠르게 진행될 때 아래와 같이 8주간의 여정을 통해 거래가 종결될 수 있다.

구분	일정	투자 및 조달 일정
양해각서 체결	D-Day	
실사 기간 종료	D+4주차	실사보고서 배포 투자자 Q&A 및 심의 부의
독점적 협상 기간 종료	D+8주차	매매계약 체결 대출약정 체결 주주 간 계약 체결
거래 종결	D+9주차	매매 대금 잔금 지급 대출금 인출 자기자본 납입 요청(Equity Capital Call)
거래 종결 전 업무 (Pre Closing)	거래 종결 전	자산관리(PM, Property Mgt) 계약 체결 시설관리(FM, Facility Mgt) 계약 체결 재산종합보험 가입
거래 종결 후 업무 (Post Closing)	거래 종결 후	수익비용 정산 매수인의 건물분 부가가치세 환급

예비사업타당성 검토의 경우도 잠재 매수인이 실사기관의 도움을 받아 법률, 재무, 물리, 감정평가, 시장 등 각 분야를 진행한다. 그러나 이 단계는 독점적 협상권이 없는 상태로 거래의 성사 여부가 불투명하기 때문에 대개 실사기관을 공식적으로는 선정하지 않는다.

하지만 검토의 난이도, 거래의 가능성을 고려하여 독점적 협상권이 없는 상태에서도 실사기관을 선정하여 공식적인 용역을 제공받기도 한다. 본격적인 실사의 개시는 제안요청서RFP, Request For Proposal를 발송하는 것부터 시작한다. 제안요청서상 핵심이 되는 사항은 업무 범위로서 이를 구체적이고 명확하게 기재하는 것이 좋다. 법률실사의 경우 단순히 대상 부동산, 임대차계약 등에 대한 실사와 더불어 계약서 초안의 작성, 협상 그 외 투자구조에 대한 자문, 의견서 제공 등 실사 외 업무가 방대하므로 해당 업무 범위를 사전에 명확히 협의하는 것이 필요하다. 물론 업무 범위가 통상적인 범위를 벗어나 과도할 때 실사기관이 해당 실사를 거부할 수도 있으므로 균형 잡힌 업무 범위를 작성하는 것이 좋다.

- 본 건 부동산 및 본 건 거래 관련 집합투자기구 내지 집합투자업자가 체결하는 계약의 작성, 검토 및 협상(MOU, 매매계약, 대출약정, 임대차계약, 정관 등)
- 본 건 부동산 및 본 건 거래 관련 법률실사 및 실사 보고서의 작성
- 본 건 부동산 및 본 건 거래 관련 법률 이슈 및 투자구조, 자금조달 등에 대한 검토 및 의견서 작성
- 본 건 거래 관련 집합투자기구의 설립, 등기, 영업인가, 근저당 및 질권 설정/말소, 확정일자 등 법무 지원, 인허가, 관계 기관 대관 등 제반 업무
- 본 건 거래 관련 수익자, 대주, 매도인, 임차인 등 거래 상대방과의 법률 질의 검토 및 자문과 관련 회의 참석
- 본 건 거래 관련 계약서 인쇄, 날인 및 바이블(Bible) 제작

통상적인 실물 부동산 거래에서 필요한 실사의 범위는 법률실사, 재무실사, 감정평가, 물리실사이나 거래 특성에 따라 별도의 실사가 추가될 수 있다. 예를 들어 해당 부동산이 속한 매매 및 임대시장에 대한 정보가 부족하거나 투자자들을 설득하기 위한 리서치 산출물이 방대할 경우 시장조사를 의뢰할 수 있고, 인바운드In-Bound 혹은 아웃바운드Out-Bound를 통한 역외 거래 시 필요한 세금 검토를 위해 세무실사를 추가 의뢰할 수 있다.

프로젝트별로 상이할 수 있으나 실사기관들에 대해서는 거래 종결 조건부 보수 지급 조건을 전제로 실사를 진행하기도 한다. 독점적 협상권을

확보한 뒤에도 투자자들을 모집하지 못하거나 인허가 불허 등의 사유로 인해 거래가 이뤄지지 않았을 때를 고려하여 실사기관과 사전 합의를 통해 거래 종결 조건부 보수를 지급하거나 거래단계별 보수를 지급하는 방식을 선택하기도 한다(예를 들어 실사 기간 종료 시 보수의 50%를 지급하고 거래 종결 시 잔여 50%를 지급).

매매계약의 체결

자산양수도(Asset Deal) vs. 주식양수도(Share Deal)
그리고 사업양수도(Business Transfer)

상업용 부동산의 거래 방식은 크게 자산양수도와 주식양수도 방식이 있다. 자산양수도는 법적 소유권을 이전하는 형태이고, 주식양수도는 부동산을 보유한 간접투자기구 또는 SPC의 수익증권/주식을 양수도 하는 형태다.

자산양수도가 가장 일반적이다. 매도인과 매수인은 대상 부동산에 대해 매매계약을 체결하고 매수인은 매도인에게 매매 대금을 지급한다. 이와 동시에 매수인이 등기부등본 상 갑구의 소유권 이전 등기를 이행함으로써 거래가 종결된다. 반면 주식양수도는 대상 부동산의 등기부등본 상 소유권은 변경되지 않은 채 해당 소유권을 보유한 부동산 펀드, 리츠/SPC의 수익자/주주만 바뀌게 된다.

구분	자산양수도(Asset Deal)	주식양수도(Share Deal)
거래 대상	매매 대상 부동산	매매 대상 부동산을 보유한 펀드, 리츠 또는 SPC의 수익증권 또는 주식
매도인(양도인)	잠재 매도인(부동산 소유권 보유)	매매 대상 부동산을 보유한 펀드, 리츠 또는 SPC의 수익자 또는 주주
매수인(양수인)	잠재 매수인	잠재 수익자 또는 주주
매매 대금	매매 대상 부동산 거래금액	부동산 매매 대금 거래금액 + 기타자산 - 기타부채
장점	- 대상 부동산 및 승계 대상 임대차 계약 외 우발 채무에 대한 리스크 헤지 가능 - 거래 형태가 단순 명료함	- 수익증권 양수도 시 법적 요건을 충족함으로써 취득세 절감 가능 - 낮은 금리로 조달한 기존 대출을 활용 가능
단점	- 매수인이 신규 부동산을 취득함에 따라 취득세를 부담	- 대상 부동산을 보유한 SPC, 펀드 및 리츠가 우발채무가 존재할 경우 해당 채무를 부담할 수 있음
기타	- 부동산 거래 신고 대상	- 부동산 거래 신고 대상 아님

펀드, 리츠 또는 SPC를 통해 부동산을 매입할 때 해당 간접투자기구는 임대업 또는 개발업을 영위하는 법인이며, 그 형태는 펀드(투자회사형, 유한회사형, 신탁형 등) 또는 리츠가 될 수 있다. 통상 펀드 또는 리츠를 통해 단일 부동산을 매입할 때 해당 간접투자기구는 임대수입 및 비용 외에는 다른 사업을 영위하고 있지 않기 때문에 간접투자기구의 주주로서 부동산을 매입한다고 한다. 신규 펀드 또는 리츠를 설정 또는 설립하여 부동산을 자산양수도 형태로 매입하는 것과 기존 펀드 또는 리츠의 수익증권 또는 주식을 주식양수도 형태로 매입하는 것은 경제적으로 유사한 효과를 내게 된다.

다만, 신탁형 펀드의 에쿼티에 해당하는 수익증권 양수도의 경우 법령에서 명시적으로 허용된 것은 아니나 특정 요건을 충족할 시 취득세를 부담하지 않을 수 있다. 최근에는 시중 금리 상승으로 신규 담보대출을 조달해야 하는 자산양수도 형태가 아닌 주식양수도 형태를 선호한다.

펀드를 운용하는 자산운용사나 리츠 AMC 입장에서도 자산양수도형태로 부동산을 매각할 경우 펀드 또는 리츠가 청산되어 운용자산AUM, Asset Under Management 및 운용보수가 줄어들 수 있으므로 투자구조Vehichle를 유지하는 주식양수도를 선호하는 경향이 있다.

수익자/주주도 개인이라면 부동산이 자산양수도 형태로 매각되고 청산되면 매각차익이 소득세법상 배당소득으로 인식되어 적용세율이 높아질 수 있으나, 주식양수도 형태로 주식을 매매할 때 배당소득이 아니라 비상장 주식에 대한 양도소득세를 부담함으로써 세금이 저감될 수 있는 여지가 있다(수익자 또는 주주가 해외투자자일 때도 조세 효과가 상이함).

자산양수도는 소유권 이전 과정에서 함께 양도되는 채권채무의 범위에 따라 자산양수도와 사업양수도Business Transfer로 구분된다. 상업용 부동산 시장에서 흔히 자산양수도라 불리는 부동산 매매계약도 명확히 따지면 대상 부동산, 즉 자산만 이전되는 계약은 아니다. 통상적인 부동산 매매계약의 경우에도 대상 부동산 관련 임대차계약(임대보증금 반환채무 포함)의 승계, 시공사로부터의 하자보증채권(관련 보험 배서 포함)을 승계하게 되기 때문이다.

사업양수도Business Transfer는 임대차계약, 하자보증채권 외 권리채권 및 의무채무를 양도하는 경우를 의미한다. 승계받게 되는 채권, 채무의 예시로는 보험계약, 자산관리PM, Property Management 내지 시설관리Facility Management 계약, 물류위탁 계약, 호텔운영위탁 계약 등이 있다.

사업양수도는 상업적인 측면에서 대상 부동산 외 기타 채권, 채무를 양수도하는 의미가 있지만 부가가치세법상으로는 해당 거래가 포괄적 사업양수도인지 여부에 따라 부가가치세법상 과세 거래인지 면세거래인지 구

구분	자산양수도(Asset Transfer)	사업양수도(Business Transfer)
거래대상	매매 대상 부동산	매매 대상 부동산을 보유한 펀드, 리츠 또는 SPC의 수익증권 또는 주식
관련 채권채무	- 기존 임차인과의 임대차계약 - 매매 대상 부동산을 시공한시 공사에 대한 하자보증채권 및 관련 보험	- 기존 임차인에 대한 임대차계약 - 매매 대상 부동산을 시공한시공사에 대한 하자보증채권 및 관련 보험 - 보험계약 - 자산관리(PM, Property Management) 내지 시설관리(Facility Management) 계약 - 물류위탁 계약 내지 호텔운영위탁 계약
부가가치세법상 거래형태	포괄적 사업양수도 X	포괄적 사업양수도 O

분된다. 부가가치세법상 상업용 부동산을 자산양수도 형태로 매매할 경우 건물분은 과세 거래로서 부동산 매매 대금 중 건물분 상당액의 10%를 매수인이 매도인에게 매매 대금과 함께 납부하고, 매도인은 부가가치세 신고 시 해당 세액을 세무서에 납부해야 한다.

구분	토지분	건물분
주거용 부동산 매매	비과세	비과세
상업용 부동산 매매	비과세	과세

하지만 포괄적 사업양수도로 간주될 경우 상업용 부동산을 매매하더라도 해당 거래는 면세 거래이므로 매도인은 매수인으로부터 건물분 부가가치세를 징구 받아 부가가치세를 납부할 필요가 없다. 상업용 부동산 거래 시 거래 조건에 따라 대상 부동산 매매 시 기타 채권 채무가 이전될 수 있고 해당 거래가 포괄적 사업양수도인지 여부는 불분명한 상황이 많다. 대리납부 제도는 포괄적 사업양수도 여부에 대해 거래 당사자들이 판단할 필요 없이 상업용 부동산 매매 시 건물분 부가가치세를 매수인이 세무

서에 직접 납부하고 세무서가 해당 세액을 매수인에게 직접 환급하는 방식을 취하고 있으며, 많은 부동산 거래에 대리납부 제도가 활용되고 있다. 앞으로 언급될 매매계약 관련 내용은 실무적으로 가장 많이 통용되는 자산양수도Asset Deal, Asset Transfer 형태를 전제로 설명하겠다.

매매계약의 당사자

매매계약의 당사자는 매도인과 매수인이고, 해당 계약상 당사자는 개인 또는 법인이 될 것이다. 상업용 부동산 매매계약 체결 시 매도인(매수인)에는 아래와 같은 당사자들이 존재할 수 있다.

구분	내용	비고
사례1	매도인(매수인)인 OO은행 매도인(매수인)의 집합투자업자인 OO자산운용	매도인이 자본시장법상 신탁형 펀드이고 이를 자산운용사가 운용할 예정인 경우
사례2	매도인(매수인)인 OO일반사모형투자회사 매도인(매수인)의 집합투자업자인 OO자산운용	매도인이 자본시장법상 회사형 펀드이고 이를 자산운용사가 운용할 예정인 경우
사례3	매도인인 OO위탁관리부동산투자회사	매도인이 부동산투자회사법상 리츠이고 AMC를 계약상 당사자로 포함하지 않은 경우

자본시장법상 신탁형 펀드의 경우 수탁은행이 명목상 법인격을 부여받는 주체로서 매매계약상 당사자로 필수적으로 포함되어야 한다. 사례 2와 같이 회사형 펀드는 펀드에 법인격이 부여되어 있어 해당 펀드가 매매계약상 당사자가 될 수 있다. 사례 1 및 사례 2의 경우 해당 펀드를 운용하는 자산운용사는 매매계약상 당사자가 되지 않아도 무방하나, 자본시장법상 펀드(법상 명칭은 집합투자기구)는 수익자(주주)로부터 펀드를 운용하는 주체

이므로 통상 매매계약상 당사자에 포함된다.

반면, 부동산투자회사법을 적용받는 리츠(법상 명칭은 위탁관리부동산투자회사)는 주요 계약의 체결, 부동산의 매각 등 주요 의사결정을 AMC가 수행하지 않고 주주총회를 통해 수행하므로 AMC는 매매계약 당사자에서 제외되는 일이 일반적이나, 거래 구조 및 상황에 따라 AMC에 대한 의무 부여가 필요할 때는 AMC를 계약의 당사자로 편입하기도 한다.

매매 대상 및 가격 조정

매매 대상이 무엇인지 그리고 얼마인지 정의하는 것은 매매계약 체결에 가장 기본적인 정보이지만 매매 대상의 불분명한 정의로 인해 분쟁이 제기되기도 한다. 매매 대금은 통상 부가가치세 및 부대비용을 제외한 가격을 기준으로 산정하며 이를 명기해야 추후 분쟁을 방지할 수 있다. 매매 대금과 함께 매매 대상은 통상 토지, 건물 및 부속물로 정의하게 되며, 구체적인 내역은 아래(토지, 건물 예시)와 같이 별지로 첨부한다. 부속물은 해당 건물에 부합 또는 부속하거나 설치된 일체의 동산, 시설, 설비 등을 의미하며 신축 시 법에 따라 설치하게 되는 미술작품도 여기에 포함된다. 물론 당사자 간의 합의로 필요에 따라 매매 대상에서 일부 부동산 또는 동산을 제외할 수도 있다.

매매계약상 매매 대금은 계약시점 기준 잠정 매매 대금으로 아래와 같은 사유로 조정되기도 한다. 이를 반영한 매매 대금을 최종 매매 대금이라 한다. 거래의 성격, 당사자 및 시장 상황에 따라 매매 대금을 조정하는 과정은 당사자 간의 합의에 따라 창의적으로 변경될 수 있고 이것이 거래 성사의 실마리가 될 수도 있다.

첫째, 면적 조정 사항이다. 매매 대상 부동산이 건축 중일 때 매매계약 체결 당시 면적과 최종 사용승인 시 건물의 연면적은 변동될 수 있다. 이를 고려하여 최종 매매 대금을 매매계약상 합의하여 매매 대금을 조정하기도 한다. 예를 들어, '잠정 매매 대금 + (증가된 연면적 × 연면적당 단가) - (감소된 연 면적 × 연면적당 단가) = 최종 매매 대금'과 같이 승인 연면적과 연동하여 매매 대금이 변동하도록 규정할 수 있다.

둘째, 기타 조정사항이다. 매매계약 체결 후 거래 종결까지의 기간 동안 특정 조건의 성취 여부에 따라 매매 대금이 달라질 때가 있다. 예를 들어 매매계약 체결 당시의 임대율이 90%였으나 거래 종결 시 잔여 공실을 해소할 경우 매매 대금을 특정 금액만큼 상향 조정하는 것이 대표적인 예시다.

매매 대금 조정사항과 매매 대금 정산항목(수익비용 정산과 별개)을 혼동하는 일이 있다. 매매 대금 정산항목은 최종 매매 대금에서 기지급된 계약금, 매매계약과 함께 양수도 되는 채권채무가액 또는 부가가치세액과 같은 것을 말한다. 해당 정산항목은 단순히 거래 종결 시 지급할 대가를 산정하는 산식의 일부일 뿐 최종 매매 대금 산정에 영향을 미치지 않는다.

최종 매매 대금은 잠정 매매 대금에서 매매 대금 조정사항을 반영한 금액으로 이 금액이 부동산 거래신고에 사용된다.

구분	금액	비고
잠정 매매 대금	1,000억 원	
면적조정	(+) 100억 원	가산 또는 차감항목
기타조정	(-) 50억 원	가산 또는 차감항목
최종 매매 대금	1,050억 원	부동산거래신고 금액

거래 종결 지급금액Closing Payment은 최종 매매 대금에서 매매 대금 정산항목을 가감한 금액이다. 아래 예시를 살펴보자. 승계 대상 임대보증금 및 건물분 부가가치세가 없다고 가정할 때 통상적으로 생각할 수 있는 매매계약상 잔금(=잠정 매매 대금에서 계약금을 차감한 잔액)과 같은 개념이다.

구분	금액	비고
최종 매매 대금	1,050억 원	
계약금	(-) 100억 원	차감항목(기지급 계약금)
승계 대상 임대보증금	(-) 200억 원	차감항목(채무승계)
부가가치세	(+) 30억 원	가산항목(건물분 부가가치세)
거래 종결 지급금액	780억 원	

통상 거래 종결 시에는 최종 매매 대금에서 매매 대금 정산 항목 외에도 수익 비용 정산이 수반된다. 이럴 때는 거래 종결 지급금액을 수익 비용 정산까지 반영된 금액으로 정의할 수도 있다. 상기 예시는 수익 비용 정산은 별개로 이뤄짐을 전제로 작성한 예시로 이는 매도인과 매수인이 자율적으로 합의할 사항이다.

계약금, 잔금 그리고 유보금

매매계약상 매매 대금은 통상 계약금, 잔금으로 구성되거나 계약금, 중도금 그리고 잔금으로 구성되는 것이 일반적이다. 하지만 거래조건에 따라 매수인이 유보금을 요구할 수도 있다. 통상적으로 유보금을 사용하는 경우는 매도인이 매매계약상 이행할 의무를 담보하기 위해 사용된다.

예를 들어 개발형 프로젝트는 부동산 매매계약을 통해 건축 대상 토지를 매매하게 된다. 통상적으로 거래 종결 시 토지의 소유권 이전과 별개로 매도인이 이행해야하는 의무가 존재할 수도 있다. 건축 허가, 수전 등 인허가가 엮여있거나 기존 임차인을 명도하는 등 매매 이후 매수인의 사업 진행을 위해 필수적인 사항들이 있다. 이때 이러한 의무가 거래 종결 사후에 이루어질 경우 해당 조건이 성취되면 지급되는 조건으로 매매 대금 중 일부를 유보할 수 있다.

예를 들어 아래의 표와 같이 매매 대금이 1,000억 원이고 건축 허가가 거래 종결 이후에 이뤄져야 할 때를 살펴보자. 계약금 및 잔금 900억 원을 소유권 이전시까지 지급하고 건축허가를 받은 이후에 유보금 형태로 100억 원을 지급함으로서 거래의 안정성을 확보할 수 있다.

구분	금액	비고
계약금	100억 원	매매계약 체결 시 지급
잔금	700억 원	거래 종결(소유권 이전) 시 지급
유보금	200억 원	건축허가를 득할 시 지급
매매 대금	1,000억 원	

유보금은 거래 종결 후 및 조건 성취 후 지급할 의무가 발생하기 때문에 매수인 입장에서는 무이자 차입을 한 것과 동일한 효과를 누리게 된다. 거래 상황 - 예를 들어, 매수인이 매매 대금 잔금 전액을 확보하지 못할 때에는 매도인이 매매 대금 중 일부를 유보함으로써 매수인에게 해당 자금을 조달 - 에 따라 유보금을 창의적으로 활용할 수도 있다.

거래선행조건, 진술 및 보장, 확약

부동산 매매계약SPA, Sales and Purchase Agreement을 처음 접하게 되었을 때 흔히 접할 수 있는 등기용 부동산 매매계약과는 달리 낯설게 느껴지는 항목들이 있다. '거래선행조건', '진술 및 보장' 및 '확약'에 대한 내용이 그것이다.

거래선행조건이란 부동산 매매계약이 종결(클로징)되기 위해서 매매계약상 매도인 및 매수인이 이행하였어야 할 의무, 약정 및 준수 사항이 이행되었거나 준수되어야 할 사항을 의미한다. 해당 조건들이 충족되지 않았을 때는 거래를 종결할 의무가 없어진다. 매매 대금 잔금 지급 및 부동산소유권의 이전 외에 통상 진술 및 보장의 정확성, 확약 의무 충족 여부, 소송 없음 등이 거래 종결 선행조건으로 부여된다.

진술 및 보증은 매매계약의 당사자가 매매계약일 및/또는 거래 종결일 현재 기술된 사항에 대해 진실되고 정확한지를 보증하는 사항을 의미한다. 진술 및 보증 사항 계약마다 공통적으로 들어가는 권리능력 및 행위능력, 완전한 소유권 및 부담, 소송, 제세 공과금, 위반 없음 등과 같이 계약서마다 통상적으로 사용되는 조항이 있다. 물론 거래 특성 및 당사자의 필요에 따라 추가되거나 변경되기도 한다.

예를 들어 임대차계약의 경우 매도인이 임대차계약 위반 여부에 대한 확인만 보증할 수도 있지만 전대차계약 승인 여부, 계약갱신청구권의 사용 여부, 임대차계약 체결 당시 무상 임차지원금 지급규모 등 당사자의 거래관계상 필요할 수 있는 정보를 매매계약상 진술 및 보장 사항으로 추가하거나 삭제할 수 있다. 물류센터는 대도시권에 위치한 오피스와 달리 경계 침범 여부가 중요하다면, 실제 실사를 통해 경계측량을 하거나 이에 대한 보완적인 방법으로 매도인에게 진술 및 보장을 통해 보증 받는 것도 가능하다.

구분	보증 주체	내용
권리능력 및 행위능력	매도인/매수인	매매계약 등 거래 관련 계약을 체결할 수 있는 권한 및 자격을 보유하는지 그 여부에 대한 확인
완전한 소유권 및 부담	매도인	매매목적물에 관하여 적법하고 유효한 소유권을 보유하고 있고, 소유권이 제한될 수 있는 내역이 있는지 그 여부에 대한 확인
소송	매도인	계류 중인 소송 또는 향후 제기될 소송 등에 대한 확인
제세공과금	매도인	매매목적물과 관련하여 부과된 모든 세금, 부담금, 부과금에 대한 완납 여부에 대한 확인
위반 없음	매도인	인허가의 취득 및 유지 그리고 취소, 정지 및 관련 법령 위반으로 인하여 시정 조치, 행정지도가 없음에 대한 확인

또한 매매계약상에는 각 당사자별 이행 의무를 이행하지 않았을 때 해당 손해액을 배상할 의무가 존재한다. 매도인/매수인은 진술 및 보장의 경우 시점과 보장의 강도를 조정하는 방법을 통해 상호 간 손해배상 의무를 경감하거나 증가시킬 수 있다. 진술 및 보장은 매매계약 체결일 또는 거래 종결일을 기준으로 약정하게 되는데, 매매계약 체결일 또는 거래 종결일 중 한 시점으로 시점을 한정하거나 양 거래일 모두를 진술 및 보장에 대한

합의를 통해 대상 시점으로 할지 여부를 결정할 수 있다. 또한 진술 및 보장의 의무에 '중요한 점에서'라는 한정 문구를 삽입함으로써 사소한 의무 위반 사항에 대해서는 손해배상 의무가 성립하지 않도록 조정할 수도 있다. 각 당사자는 당사자가 보증하는 의무를 최소화하고 싶기 때문에 시점은 되도록이면 매매계약 체결 시점에 한정하고, 의무사항에 대해서는 '중요한 점에서'라는 문구를 추가하기도 한다.

확약이란 계약 당사자가 이행하기로 약속하는 항목을 의미한다. 확약 사항의 경우 통상 계약 시점부터 거래 종결 시점까지 이행할 사항을 기재하나 확약사항별로 의무를 이행해야 할 시기를 계약 당사자 간 합의를 통해 조정할 수 있다. 통상적인 확약 사항은 아래와 같고 거래 특성별로 거래 상대방에게 요구해야 할 의무사항이 있다면 확약 사항에 협의를 통해 추가 또는 삭제가 가능하다.

구분	주체	내용
상거래 상 합리적인 노력	매도인/매수인	계약에서 정하는 조건에 따라 본 건 거래를 종결할 수 있도록 상거래 상 합리적인 노력을 다할 것
부동산 거래 신고	매도인/매수인	계약 체결일로부터 30일 이내에 관련 정부당국에 부동산 거래 신고
임대차계약의 승계	매도인/매수인	임대차계약과 관련된 임대차보증금 반환채무 및 관련 부담은 매수인이 인수하며 임대차보증금 반환채무 상당액을 매매 대금에서 공제
처분금지	매도인	매수인의 사전 서면 동의 없이 매매목적물의 전부 또는 일부를 양도, 처분하지 못하도록 하는 것

손해배상

부동산 매매계약은 계약 당사자인 부동산을 매각하는 매도인과 부동산의 매수인의 권리 및 의무사항의 집합체다. 어느 당사자가 계약상의 의무 (거래 선행조건, 진술 및 보증, 확약 등 계약상 기재된 의무 등)을 위반함으로써 상대 당사자에게 손해가 생겼을 때, 해당 당사자는 상대방에게 발생한 손해액을 배상해야 한다.

손해배상의 경우 손해배상액 입증이 어렵다는 점을 감안하여 손해배상액을 사전에 정해 위약금 형태로 기재하기도 한다. 예를 들어 매수인이 특정 부동산을 매입함에 있어 A 임대차계약의 승계가 필수적이라고 판단한다면, 해당 임대차계약의 거래 종결 시점까지의 승계를 확약 의무로 협의할 수 있고, 해당 의무를 매도인이 위반한 경우 이를 근거로 손해배상을 청구할 수 있을 것이다. 이에 대한 손해액 입증이 어려울 것으로 예상된다면 사전에 위약금으로 손해배상액을 미리 정할 수 있다. 이 과정을 거쳐야 거래 종결 시 해당 임대차계약이 승계되지 않았을 때는 손해액 산정을 입증하는 절차를 거치지 않고서도 위약금의 징구가 가능하다. 다만 과도한 위약금은 대법원 판례상 감액될 여지도 있다는 점을 고려하여야 한다.

거래 종결과 정산

부동산 매매계약의 마지막 절차는 계약 체결 이후 클로징Closing이라고 불리는 거래 종결 절차다. 거래 종결이란 '부동산의 소유권을 매도인으로부터 매수인에게 이전하고 매매 대금 잔금을 지급하는 것'을 의미한다. 조금 더 구체적으로는 진술 및 보장사항이 진실이라는 가정 하에 매매계약상 합의된 거래 선행조건, 확약사항 및 기타 매매계약상 당사자의 의무를 이행하는 것을 말한다.

실무적으로 거래 종결 시에는 거래 종결 전, 거래 종결 당일 및 거래 종결 이후 수행할 업무를 구분하여 사전에 준비해야 원활하게 거래 종결이 이뤄질 수 있다. 거래 종결에 앞서 매매계약과 관련하여 챙겨야 할 주요 업무를 아래와 같이 표로 정리했다.

거래 종결에 앞서 아래 일정에 따라 집행될 수 있도록 당사자들과 조율이 필요하다. 매매계약 거래 종결일은 대출 약정의 인출일(대출 약정의 클로징)이기도 하며 대출 약정 또한 인출일 전일, 당일 및 후행 조건이 약정 상 부여되어 있으며, 이는 대출약정 파트에 기술하였다.

구분	내용	비고(세부 내용은 대출약정 참조)
거래 종결 전	- PM(Property Management, 자산관리회사) 및 FM(Facility Management, 시설관리회사)의 선정 - 재산종합보험료의 지급(거래 종결일 전일 지급)	인출선행조건※(전일)의 이행
거래 종결 당일	- 매매 대금 지급 및 거래 종결 지급금액(Closing payment)을 지급 - 취득세 및 제세공과금 지급 및 소유권 이전 등기 접수 - 정산합의서 체결 및 정산금 지급 - 임대차계약 승계합의서 수령 - 하자보수청구권 통지서 발송 및 승낙서 수령	대출금 인출 대출취급수료의 지급 인출선행조건(당일)의 이행: 기존 담보 해지 및 신규 담보 설정(기존 근저당권 설정 해지 접수, 신규 근저당권의 설정 등기 접수, 예금근질권1 통지 및 승낙, 보험근질권 통지) 등
거래 종결 이후	- 실사 용역대금 지급(용역계약에 따른 지급 조건 및 일정에 맞춰 지급) - 매입보수 수취(펀드는 신탁계약, 리츠는 자산 관리 계약에 따른 일정에 맞춰 수취) - 부동산 거래신고(계약 체결일로부터 1개월 이내, 법상 신고기한이 거래 종결일 전 도래 시 거래 종결일 이전 신고 진행 필요)	인출후행조건※의 이행

※ 보다 자세한 설명은 커리어짐 블로그(blog.naver.com/careergym2020) 참고 요망

---

1 질권과 근질권: 질권은 담보물(동산, 채권 등)을 채무의 변제가 있을 때까지 유치해 채무의 변제를 강제하고 채무의 변제가 없을 경우 담보물을 처분하는 과정을 통해 우선적으로 변제를 받을 수 있는 권리를 말한다. 저당권과 유사한 권리이나 부동산이 아닌 동산 등을 담보로 설정된다. 근질권은 질권과 동일한 성격이나 계속적인 거래 관계에서 발생하는 불확정한 채권을 담보로 설정되는 질권이다(저당권-근저당권의 관계와 유사하다).

상기 거래 종결 항목 중 정산합의는 거래 종결 시 잔금으로써 지급하는 거래 종결 지급금액과 별개로서 매매계약상 수익비용 정산하기 위한 절차다. 이에 관한 이해를 위해 기존에 설명한 거래 종결 지급금액의 연장선 상에서 아래와 같이 예를 들 수 있다.

구분	금액	비고
최종 매매 대금	1,050억 원	
계약금	(-) 100억 원	차감항목(기지급 계약금)
승계 대상 임대보증금	(-) 200억 원	차감항목(채무승계)
부가가치세	(+) 30억 원	가산항목(건물분 부가가치세)
거래 종결 지급금액(정산 전)	780억 원	
가산항목	(+) 3억 원	
차감항목	(-) 2억 원	
거래 종결 지급금액(정산 후)	781억 원	

매매대상 부동산은 거래 종결을 통해 매도인으로부터 매수인에게 소유권이 이전되는 도중에도 수익과 비용이 발생하게 되며 해당 수익과 비용에 대한 정산Cut-Off을 통해 매도인 귀속분과 매수인 귀속분을 구분해야 한다. 이는 가산항목과 차감항목으로 구분할 수 있으며, 해당 가산항목과 차감항목의 리스트를 규정하고 이를 안분하는 방법을 합의하는 것을 '정산합의서'라 한다. 매매 대금 조정사항과 수익비용 조정사항을 구분하기 위해 여기에서는 정산합의서를 수익비용 정산항목에 한정하여 합의서를 체결하는 예를 들었지만, 수익비용 정산항목 외에도 잠정 매매 대금에서 최종 매매 대금을 산출하는 매매 대금 조정사항, 거래 종결 지급금액(정산 전) 산정내역을 포함하여 정산합의서를 체결하는 것이 통상적이며 거래별

특성에 맞춰 당사자가 합의를 통해 변형이 가능하다.

예를 들어 아래와 같은 상황에서 거래 종결이 이뤄졌다고 하였을 때 가산항목 및 차감항목이 계산되는 방식으로 아래와 같다. 재산세는 매도인이 매수인이 2022년 소유할 기간에 상응하는 77일분에 대한 것을 이미 납부하였으므로 이를 매수인으로부터 수취할 권리가 존재한다. 따라서 이를 매매 대금에서 차감하게 된다. 10월 임대료는 10월 1일부터 14일까지 매도인이 보유한 기간 동안 수취하였어야 할 임대료를 매수인이 수취하게 되므로, 이를 매매 대금에 가산한다. 다만, 수익비용 정산은 거래 종결일까지 정확한 금액이 산정되기 힘들다면 예상 금액을 당사자 간 합의할 수도 있고 상황에 따라서는 수익비용 정산을 하지 않기로 정할 수도 있다.

구분	내용	비고
예시 상황	- 거래 종결일: 2022년 10월 15일(2022년 중 매도인 소유기간 288일, 매수인 소유기간 77일 가정) - 재산세: 2022년 9월 30일 매도인이 3억 원 납부 - 10월 임대료: 총 2억 원이나 10월 31일에 전액 수취 예정	
차감항목	재산세 6천3백2십8만7천6백7십1원(※1)	거래 종결 지급금액 차감
가감항목	임대료 9천3십2만2천5백8십1원(※2)	거래 종결 지급금액 가산

(※1) 3억 원 x 77/365
(※2) 2억 원 x 14/31

대출약정 및 주주 간 계약

대출약정의 개요 및 주요 거래조건(Term Sheet)

부동산매매 대금 및 부대비용 조달은 타인자본Loan과 자기자본Equity을 혼합하여 조달한다. 예를 들어 부동산 매매 대금(부대비용 포함 가정)이 1,000억 원이고 승계 예정 임대보증금이 100억 원일 경우 총 900억 원의 자금을 조달해야 한다. 900억 원 중 500억 원은 차입금으로 조달하고 400억 원은 자본으로 조달한다면 재무상태표는 아래와 같이 표현할 수 있다.

투자내역		조달내역	
매입대상 부동산	1,000억 원	임대보증금	100억 원
		차입금	500억 원
		부채 총계	**600억 원**
		자본금 및 자본잉여금	400억 원
		자본 총계	400억 원
자산 총계	**1,000억 원**	**부채 및 자본 총계**	**1,000억 원**

타인자본 중 차입금을 조달할 경우 해당 차입금을 빌리는 차주와 해당 차입금을 빌려주는 대주와 체결되는 금전대차계약을 '대출약정'이라 한다. 차주는 담보를 제공하기 위해 대주와 근저당권 설정계약, 이자유보계좌에 대한 예금근질권, 보험청구권 및 보험금계좌에 대한 보험근질권계약을 함께 체결하게 된다(이에 대해서는 후반부에 구체적으로 기재하였으니 참고 바란다). 대출약정 또한 매매계약과 같이 약정시점과 거래 종결시점으로 구분할 수 있다. 대출금을 인출해 잔금을 지급함으로써 거래를 종결하게 된다.

반면 자기자본은 수익자 또는 주주(펀드의 경우 수익증권 투자자, 리츠의 경우 리츠 주권을 보유한 주주)는 사전에 투자확약서(수익자 또는 주주 단독으로 확약)를 제공하거나 수익자 간 또는 주주 간 계약을 체결함으로써 조달을 확정 짓게 된다. 다만 자기자본의 경우 별도의 투자확약서나 수익자 간 또는 주주 간 계약 없이 자기자본을 투자하기도 한다.

금리의 산정 및 수수료의 종류

차주는 대주로부터 금전을 대여받음으로써 만기일까지 대출원금을 상환할 의무가 있으며 통상 분기 단위로 이자 지급을 하게 된다. 통상 이자율은 연 환산 기준으로 표기하고 대출약정상 매 이자기간동안 누적 인출한 대출원금에 이자율을 곱하여 지급하는 금액을 이자Coupon라고 한다. 다만 대출약정 체결 시 이자 이외에도 대출취급수수료, 금융주선수수료 등이 대주 또는 대출을 주선해 준 기관에 지급될 수 있다. 차주가 이자뿐만 아니라 대출금을 조달하기 위하여 지급해야 하는 수수료를 모두 포함하여 연환산 이율로 환산한 비용을 올인코스트All-In Cost라고 표현한다.

아래 주요 조건표Term Sheet를 살펴보자. 표 하단에 기재된 이자율 4.0%/년은 1.0%/년(=대출취급수수료 2.0%/대출기간 2년)의 대출취급수수료 와 3.0%의 이자로 이루어져 있다. 만일 금융주선기관이 존재하고 해당 주선기관이 대주가 아닐 때 올인코스트 산정 시 해당 주선 수수료가 포함되었는지의 여부를 명확하게 표현하는 게 오해를 줄일 수 있는 방법이다.

구분	내용
대상 부동산	서울시 영등포구 O번지 소재 토지 및 그 지상 건물 일체
대출약정액	500억 원
대출기간	인출일로부터 2년
사용목적	부동산 매매 대금 및 부대비용의 지급
이자율	4.0%/년(대출취급수수료 2.0% 포함 올인코스트)

부동산 매매계약이 계약 체결 이후 잔금 지급 및 소유권 이전이 수반되는 거래 종결이 이뤄져야 하듯이, 대출약정은 대출약정 체결 이후 대출약정금의 인출이 수반되어야 거래가 완료될 수 있다. 대출취급수수료는 선취로 지급되는 경우가 다수인데, 이때 차주 입장에서 해당 수수료는 약정일이 아닌 대출약정금의 인출 일에 인출되어야 분쟁을 예방할 수 있다. 대출약정이 체결된 이후 부동산 매매계약 거래 종결이 이뤄지지 않아 대출금 인출이 이뤄지지 않는 일도 생길 수 있기 때문이다.

대출약정의 구성

구분	항목
대출원금 인출조건	대출원금을 인출하기 위해서는 대출약정에 따라 인출선행조건 및 인출후행조건을 충족해야 한다. 대표적인 인출선행조건은 매매계약, 대출약정 및 관련 담보계약이 체결되는 것이고 당사자 서류(사업자등록증, 신탁계약 등) 및 부동산 관련 공부(등기부등본) 등이 제공되는 것이다. 인출선행조건은 통상 전 영업일까지의 조건(※1)과 당일까지의 조건(※2)으로 구분되며, 당일까지의 조건 중 대표적인 조건은 아래와 같다. - 소유권의 이전 등기 접수의 완료 - 신규 근저당권의 설정 등기 접수의 완료 - 예금근질권 통지 및 승낙의 완료 - 보험근질권 통지의 완료 소유권 및 근저당권의 경우 등기소를 통해 접수가 가능한 바 18시에 등기소가 마감하기 전에 법무사를 통해 접수가 이뤄져야 대출약정을 이행할 수 있는 점을 염두에 두어야 한다. 따라서 인출일 당일 시간 관리를 철저히 해야 한다. 참고로 해당 등기는 거래 종결일에 접수되는 것으로 수 영업일 이내 등기가 경료된 후 등기부등본 상 소유권자 및 근저당권자 명의가 변경되며, 이 때 등기접수일자가 함께 표된다. 예금근질권 또한 해당 질권 설정 통지를 승낙할 은행 지점과 사전에 약정서를 사전 공유하고 승인을 받아 당일에 은행 지점 측 날인이 완료된 승낙서를 수령할 수 있도록 면밀하게 협의해야 한다. 다만 보험금청구권에 대해서는 통상 인출일 당일 보험사에 통지 후 인출일로부터 5~10 영업일 이내(인출 후행 조건)(※3) 승낙서 및 피보험자가 변경된 보험증권을 수취한다.
제공 담보	대출약정에는 대출원금의 상환을 담보하기 위해 차주가 대주에 담보를 제공한다. 실물 부동산을 담보로 제공하는 통상적인 담보는 아래와 같다. 해당 담보에 대해서는 대출약정 외 담보계약을 체결하며 해당 담보의 설정은 대출원금 인출 선행 조건 및 후행 조건을 구성한다. - 대상 부동산에 대한 1순위 근저당권 - 예금에 대한 1순위 근질권 - 보험금 청구권에 대한 1순위 근질권
허용된 부담	A 임차인의 임대보증금 반환채권에 대한 전세권
상환	상환은 통상 의무적 조기 상환과 임의적 조기 상환으로 구분된다. 대출약정의 만기, 대상 부동산의 매각 시에는 의무적으로 대출 만기 전 대출원금을 조기 상환할 의무가 차주에게 부여되며 이 경우 별도의 조기상환수수료는 부여되지 않는다. 다만 차주의 필요에 따라 임의로 조기상환하는 것 또한 가능하나 이때 조기 상환수수료가 차주에게 부여될 수 있다. 통상 3년 만기 대출의 경우 인출일로부터 2년까지, 5년 만기 대출의 경우 인출일로부터 3년까지 조기 상환 수수료를 부과하는 것이 통상적이다. 참고로 최근에는 펀드 또는 리츠가 부동산매매계약(Asset Deal) 형태로 매각되는 일도 있으나 수익증권/주식매매계약(Share Deal) 형태로 매각되는 경우도 흔하게 찾아볼 수 있으므로, 수익증권/주식매매계약 형태로 예를 들어 50% 이상의 지분이 양도될 때 조기 상환 수수료를 면제 받는 조항을 추가하는 것이 차주에게 유리할 수 있다.

부동산 투자의 검토

채무불이행	채무불이행은 대출약정 상 의무를 미이행 하는 사건들을 의미하며 금전적 채무 불이행사항과 비금전적 채무불이행 사항으로 구분할 수 있다. 금전적 채무 불이행사항은 원금 및 이자를 정해진 기한 내에 납입하지 않은 경우로 해당 의무를 이행하지 않는다면 치유 기간 없이 기한이익의 상실이 선언된다. 기한의 이익이란 대출 만기일까지 차주가 해당 채무를 독촉받지 않고 대출원금을 이용할 수 있는 것을 의미한다. 기한이익의 상실이 선언되면 대출금 전액을 즉시 상환해야 한다. 반면 대상 부동산에 대한 가압류 또는 대출약정 상 차주의 의무 일부를 미 이행했을 때 비금전적 채무불이행 사유의 경우 특정 기간 동안 치유 기간을 부여하여 기한이익 상실이 유예될 수 있다.

대출약정은 금전대차계약으로서 대출원금의 인출조건, 담보의 설정, 자금 관리, 이자의 지급, 대출원금의 상환 등 최초 차입부터 상환까지 일련의 과정을 차주와 대주와 합의하는 약정이다. 그 외 확인 및 보장, 적극적/소극적 준수 사항, 채무불이행 등 대출약정을 이행함에 있어 지켜야 할 사항들과 이행하지 않았을 때 해야 할 일을 구체적으로 기재한 것이 특징이다. 또한 모호한 해석을 최소화할 수 있도록 계약에 쓰이는 많은 용어들을 정의라는 조항에 구체적으로 기재하게 된다. 이와 관련하여 대출약정 주요 조항 별로 점검해야 할 사항은 다음과 같다.

대출약정의 거래 종결은 대출약정에 따른 대출원금의 인출을 완료함으로써 클로징이 이뤄지게 되며 이 중 대출원금 인출 조건의 이행은 거래 종결을 위한 선결 조건이라고 볼 수 있다.

LTV의 계산

LTV(Loan To Value)는 간략하게 계산하면 통상 차입금(분자)을 매매 대금 또는 감정평가금액(분모)으로 나눠 산정할 수 있다. 실무적으로는 당사자별로 산정기준 또한 천차만별일 수 있으나 실질적으로 LTV는 대출원금의 회수가능성을 가늠하는 지표이기 때문에 아래와 같이 담보대출 대주에게 제공되는 담보(아래 표에서는 2순위 근저당권) 보다 우선하는 담보 채권(아래 표에서는 1순위 근저당권)이 있을 경우 이를 분자에 가산하여 산정한다. 아래 예시 표를 기준으로 LTV를 산정해 보자.

차변	금액	대변	금액	담보제공내역 (채권최고액은 100%로 가정)
매매 대금 (감정평가금액과 동일 가정)	1,000억 원	보증금	150억 원	80억 원: 1순위 근저당권 50억 원: 3순위 근저당권(※) 20억 원: 예금질권
부대비용	100억 원	차입금	500억 원	전액 2순위 근저당권
현금	30억 원			
자산 총계	1,100억 원	부채 총계	650억 원	

프로젝트펀드 vs. 블라인드펀드 그리고 투자기본 계약과 주주간 계약

개요

자기자본 조달은 대출약정과 달리 피투자자(자산운용사 또는 리츠 AMC)
와 투자자 간 계약은 체결되는 일도 있으나 체결되지 않고 피투자자가 투
자자에게 투자설명서Information Memorandum를 제공하고 투자 상품에 대한
Q&A를 진행하는 것으로 대체되는 상황도 있다.

하지만 대출약정과 마찬가지로 펀드 또는 리츠가 부동산 매매계약을
체결할 때 피투자 회사인 펀드 또는 리츠, 피투자 회사를 운용하는 자산
운용사(또는 리츠AMC, 아래에서도 같다) 그리고 투자자 3자 간 계약을 주주
간 계약 등의 형태로 체결하기도 한다. 이때 향후 조달하는 자기자본의
투자자 별 금액, 투자자 별 투자 일정 및 투자하는 자기자본(수익증권, 종류
주 또는 보통주) 주요 조건을 사전에 합의함으로 거래의 안정성을 제고하고
분쟁을 최소화할 수 있다. 대출약정은 특정 부동산을 매입하는 프로젝트

별로 대주를 모집하고 대출약정을 체결하고 인출하는 프로젝트성 거래가 대부분이다.

자기자본 투자 유형(프로젝트펀드 vs. 블라인드펀드)

그렇지만 자기자본은 프로젝트별로 투자자를 모집하는 프로젝트펀드 외에도 블라인드펀드가 국내에서도 활성화되어 있다.

블라인드펀드는 투자 대상을 특정하기보다는 투자 전략, 투자가이드라인 및 요구수익률을 투자자와 자산운용사가 다음 페이지에서 설명하는 요건들을 자산운용사와 투자자 양자 간 투자기본 계약을 통해 사전 합의하게 된다. 이를 통해 자산운용사가 투자 대상 부동산별로 투자 집행 시 투자자의 심의를 진행하지 않고 자기자본Equity에 관한 납입 요청Capital Call을 할 수 있다.

블라인드펀드는 자산운용사로 하여금 투자 대상의 확보와 동시에 즉각 상품화가 가능(투자물건별로 별도의 투자자 심의 절차 생략)하기 때문에 딜소싱 경쟁력을 제고할 수 있어 자산운용사뿐만 아니라 투자자들에게도 선호되는 형태로 자리 잡았다.

구분	블라인드펀드	프로젝트펀드
투자기관	주로 국내외 연기금, 공제회	프로젝트 별로 상이
투자기간	통상 5~15년(2~3년간은 투자집행기간, 잔여기간은 운용기간)	통상 3~5년
투자대상	투자 대상을 자산군으로 특정(예를 들어 물류센터, 호텔 등)	투자 대상을 특정
투자전략	통상 코어(Core)/코어플러스(Core-Plus)/오퍼튜니스틱 (Opportunistic) 전략으로 구분	프로젝트별로 상이
투자가이드라인	지역요건(예를 들어 수도권), 수익성요건(예를 들어 Cap. Rate, DSCR[이자 보상 배수] 요건 등의 지표 사용 가능)	프로젝트별로 상이
요구수익률	투자 전략에 따라 사전에 요구수익률을 합의(코어 자산의 경우 예를 들어 IRR 7.0% 이상)	프로젝트별 상이
겸업금지	블라인드펀드의 전담운용역을 지정하여 해당 운용역이 블라인드펀드 투자/운용 특정 기간 동안 전담할 의무를 부여	겸업금지 없음
경업금지	자산운용사(또는 리츠AMC)에 투자전략 및 가이드라인에 부합하는 투자기회가 생길 경우 블라인드펀드가 우선 투자할 기회를 부여	겸업금지
투자자 심의	가이드라인에 부합할 경우 별도 심의 미진행	개별 심의 진행

부동산 자산운용사에서는 이런 일을 합니다

대출약정과 마찬가지로 펀드 또는 리츠가 부동산매매
계약을 체결할 때 피투자 회사인 펀드 또는 리츠, 피
투자 회사를 운용하는 자산운용사(또는 리츠AMC, 아래
에서도 같다) 그리고 투자자 3자 간 계약을 주주간 계약
등의 형태로 체결하기도 한다. 이때 향후 조달하는 자
기자본의 투자자별 금액, 투자자별 투자일정 및 투자
하는 자기자본(수익증권, 종류주 또는 보통주) 주요 조건을
사전에 합의함으로 거래의 안정성을 제고하고 분쟁을
최소화할 수 있다.

투자 검토를 마치고 자산의 매입을 완료하게 되면 그다음부터는 운용의 영역이다. 자산의 운용 역시 투자와 매각 못지않게 중요한 과정이다. 자산의 운용 기간은 짧으면 3년에서 통상 5년, 길게는 10년 이상이 되는 경우도 있다. 따라서 지금 운용팀에서 결정한 사항은 당장 몇 개월은 효과가 나타나지 않아도 자산의 운용 과정 중 언젠가는 영향을 미치는 일이 잦다. 예를 들어 임대율이 상당히 낮은 수준으로 떨어져 임차인의 재무 상태를 고려하지 않고 임대차계약을 맺게되면 수 년 후 임차인의 부도 등으로 임대료를 받지 못하는 상황이 발생할 수도 있는 것이다. 이는 매각 가치의 하락으로도 이어져 프로젝트 전체의 수익성을 악화시키게 된다. 따라서 자산을 운용함에 있어 단기적 뿐만 아니라 중·장기적 효과도 고려해야 한다.

PART 3

부동산 자산의
운용

실물자산의 운용 프로세스

운용사에서는 투자팀과 운용팀이 나뉘어져 있는 경우가 많다. 투자팀은 자산의 매입(취득) 단계를 담당하고, 운용팀은 자산의 매입과정 완료 이후 실제 운용 및 매각(처분)을 담당한다. 회사별로, 부서별로 투자팀과 운용팀의 업무 구분이 명확한 때도 있고 투자팀이지만 주니어들은 운용을 담당하고 시니어가 투자업무를 전담하기도 한다.

운용업무

운용업무는 영업수익과 영업비용을 관리하는 과정이다. 영업수익은 임대료 수입, 관리비 수입, 주차수입, 기타 수입 등으로 구성된다. 임대료와 관리비 수입이 영업수익에서 차지하는 비중이 가장 크다. 따라서 영업수익을 설명하는 파트에서는 임대관리와 관련된 내용을 주로 다룰 것이다. 영업비용은 PM 비용, FM 비용, 수도광열비(전기세 등), 제세공과금(재산세 등), 보험료, 수선유지비 등으로 구성된다.

자산의 유형에 따른 운용업무

자산의 유형에 따라 운용업무는 조금씩 달라질 것이나, 가장 투자가 많은 자산인 오피스 건물을 위주로 설명하겠다. 그러나 물류 등 오피스가 아닌 다른 영역에도 최근 투자가 활발하게 일어나고 있다. 이런 자산 유형들에 대해서도 중간중간 첨언을 하는 형태로 설명하겠다.

구분	항목	비고
영업 수익	임대료	업무시설, 리테일 임대료
	관리비	업무시설, 리테일 관리비
	주차수입	위탁운영방식, 직접운영방식
	기타수입	창고사용료, 공용공간사용료, 중계기수입, 연체료 등
영업 비용	PM 비용	PM 사에게 지급하는 수수료
	FM 비용	FM 사에게 지급하는 수수료
	수선유지비	R&M(Repair&Maintenance) 비용이라고도 하며, 건물의 기능 유지를 위한 수선적 지출 비용을 말한다.
	보험료	재산종합보험료, 승강기 사고 배상책임보험료
	제세공과금	재산세(토지분, 건물분), 도로점용료, 종합부동산세 등
	수도광열비	정해진 영업시간 내에 임차인이 사용하는 수도광열비는 관리비 안에서 해결하나, 영업시간 외에 임차인이 사용하는 수도광열비는 추가수도광열비를 징수하는 것이 일반적이다.

자기자본 조달은 대출약정과 달리 피투자자(자산운용사 또는 리츠 AMC)와 투자자간 계약은 체결되는 경우도 있으나, 체결되지 않고 피투자자가 투자자에게 투자설명서Information Memorandum를 제공하고 투자상품에 관한 Q&A를 진행하는 것으로 대체되는 상황도 있다.

하지만 대출약정과 마찬가지로 펀드 또는 리츠가 부동산 매매계약을 체결할 때 피투자 회사인 펀드 또는 리츠, 피투자 회사를 운용하는 자산 운용사(또는 리츠AMC, 아래에서도 같다) 그리고 투자자 3자 간 계약을 주주 간 계약 등의 형태로 체결하기도 한다. 이때 향후 조달하는 자기자본의 투자자별 금액, 투자자별 투자 일정 및 투자하는 자기자본(수익증권, 종류 주 또는 보통주) 주요 조건을 사전에 합의함으로 거래의 안정성을 제고하고 분쟁을 최소화할 수 있다. 대출약정은 특정 부동산을 매입하는 프로젝트

별로 대주를 모집하고, 대출약정을 체결하고 인출하는 프로젝트성 거래
가 대부분이다.

영업수익

A. 임대관리에 사용되는 주요 용어

명목 임대료(Face Rent)

임대료Rent외의 다른 임대 조건을 고려하지 않은 명목임대료를 말한다.

무상임대 기간(Rent Free, RF)

임대 기간 중 임대료를 받지 않는 기간을 말한다. 무상임대 기간이 3개
월이라면, 별도의 기준이 없다면 1년 중 3개월은 임대료를 받지 않겠다는
뜻이다. 계약기간 전체에 몇 개월을 부여한다는 식으로 언급하기도 한다.
무상임대 기간에도 관리비는 납부하는 것이 일반적이다[2](또는 임차인이 실
제 사용한 수도광열비 등 실비만 납부하는 일도 있다).

입주공사기간(Fit Out, FO)

임차인이 실제 입주를 위해 인테리어 공사 등을 하는 기간을 말한다. 통
상 이 기간에는 관리비(관리비 전체인 경우도 있고, 실관리비라고 해서 실제 사용
한 수도광열비만 받는 경우도 있음)만 받는다. 즉, FO가 1개월이라면 해당 기간
중 임차인은 해당 공간을 점유해 인테리어 공사를 시작하고, 이 1개월 동

부동산 자산의 운용

---

[2] 이 책에서 '일반적' 혹은 '통상'이라고 함은 업계에서 가장 보편적으로 기재된 바와 같이 한다는 것이다.

안 관리비만 내면 되는 것이다.

실질 임대료(Effective Rent)

핏아웃(Fit Out), 렌트프리(Rent Free)와 같은 추가적인 조건을 감안한 실질 임대료를 말한다.

순점유비용(Net Occupancy Cost, NOC)

보증금, 임대료, 관리비, 전용률을 통해 계산한 전용 평당 임차인이 부담하게 되는 임차 비용(실 부담 가격이라고 이해하면 된다)이다. 다음 페이지에서 NOC와 E-NOC를 구하는 예시로 설명하겠다.

실질 NOC(Effective NOC, E-NOC)

실질 임대료를 고려한 NOC를 말한다.

임차 대행(Tenant Representative, TR) / 임대 대행(Landlord Representative)

임차 대행은 기업의 임차 과정을 대리하는 행위를 말하고 이를 전문으로 하는 회사를 임차대행사라 한다. 반대로 임대인을 대신해 부동산을 임대 과정을 대리하는 행위/회사를 임대 대행(사)라 한다. 임차대행사는 임차인에게 가장 적합한 공간을 찾아주는 역할을 한다. 기업들의 임차 대상이 되는 상업용 부동산 시장은 계약 규모도 크고, 임대인의 유형도 펀드/리츠/사옥/일반인 등 매우 다양하다. 따라서 임차인의 니즈와 예산에 가장 적합하고 임차인의 입장에서 임대인과 최대한 유리한 조건을 협상해 낼 수 있는 전문가가 필요하다. 그 역할을 임차대행사가 대리하는 것이다.

임대인 역시 임대소득을 극대화할 수 있도록 돕는 전문가가 필요하다. 주거용 부동산에서 공인중개사들이 전 / 월세 임차인을 찾는 데 도움을 주듯이, 상업용 부동산 시장에서는 임대대행사가 임차인과 임대인 간 매개 역할을 수행하여 임대차 거래를 원활하게 진행할 수 있도록 돕는다.

Tenant Improvement(TI)

임대인이 임차인에게 지급하는 공사 지원금을 말한다. RF, FO 이외에도 전임차인의 인테리어 공사를 지원하기 위해 임대인이 지원금을 지급하는 경우가 있다. 임차인의 초기 투자에 관한 비용 부담을 덜어주기 위해 많이 지급한다. 임대인 우위 시장에서는 TI의 지급이 매우 적은 수준이거나 거의 지급되지 않는다.

공실률 / 자연공실률

공실률은 전체 임대 가능 면적 대비 공실 면적을 말한다.

> **공실률 = 공실 면적 / 임대 가능 면적**

고용시장에 자연실업률이 있듯이 임대시장에도 임차인 교체 DTDowntTme 등으로 인해 자연적으로 발생하는 공실이 있다. 일반적으로 자연 공실률은 5% 정도를 가정한다.

Downtime(DT)

이전 임차인의 계약기간이 종료된 후 새로운 임차인이 들어올 때까지의 기간을 말한다. DT가 없는 것이 가장 좋겠지만, 현실적으로 수개월의 DT가 생기는 것이 일반적이다.

주요 임차인(Anchor Tenant)

해당 건물의 임대면적의 대부분을 차지하는 주요 임차인을 말한다.

렌트 롤(Rent-Roll) 스테킹 플랜(Stacking Plan)

렌트 롤과 스테킹 플랜은 건물의 운용 현황을 보여주는 자료다. 렌트 롤은 건물의 임대차 현황의 상세 조건을 나열해 정리한 파일이다. 스테킹 플랜은 임대차 현황을 보여주는 일종의 대시보드라고 이해하면 된다. 렌트롤에는 각 층별 자세한 임대차계약 현황(임대조건, 기간) 등에 대해 자세히 기재된다면, 스테킹 플랜은 층별로 간략히 어떤 임차인이 임차하고 있는지만 간략히 표시한다(임대차 기간, 면적, 임차인명과 같은 것만 표시된다). 이 자료들은 대주들이나, 내부적으로 자주 송부 요청을 받는 자료들 중 하나

PLUS PAGE **계약기준 vs. 입주기준**

예를 들어 현재 20층 1개층 만 공실(전체 연면적에서 차지하는 비율 5%)이라고 가정해 보자. 2022년 10월 현재, A임차인과의 해당 층에 대한 임대차 계약을 체결했다. 임차인은 11월, 12월 공사 후 2023년 1월 입주 예정이다. 그렇다면 스테킹플랜 등에서 이 건물의 임대율은 몇 %로 기재해야 할까? 계약을 체결했다는 것은 입주가 확정된 상황이므로, 임대율을 100%로 기재해야 할까? 아니면 아직 건물 입주가 완료된 상황은 아니고, 공사도 11월 시작이므로 아직 임대율은 95%일까? 여기에 정답은 없으나, 그 기준은 일치시켜야 한다. 공식적인 용어는 아니지만, 계약이 체결된 것을 기준으로 기재하는 것을 계약 기준 임대율, 그리고 실제 입주한(최소한 공사 등의 점유 시작) 것을 기준으로 기재하는 것을 입주 기준 임대율이라고 한다.

다. 평소 최신본으로 잘 관리하고 오류가 없는지 검증해야(신규 임대차 계약을 체결했는데 업데이트가 안 되었는지 등을 확인) 요청이 있을 때 빠르게 송부할 수 있다.

이펙티브 렌트(Effective Rent) / 이펙티브NOC(Effective NOC) 구해보기

임대면적: 100평
전용면적: 50평
전용률: 50%
계약기간: 60개월
평당 명목 임대료(Face Rent): 10만 원
평당 관리비: 5만 원
보증금: 임대료의 10배
보증금 이율: 연 3%
렌트프리: 연간 3개월

실질 임대료(Effective Rent): 10만 원 × (12개월 - 렌트프리 3개월)/12 = 7.5만 원

E-NOC를 구할 때는 보증금에 대한 일종의 기회비용으로, 보증금이율(회사마다 기준을 잡기 나름이나 통상 3%를 많이 사용하며, 세법에서 규정하는 간주임대료 부가세 계산 시 사용되는 이율 - 약 1.2%, 2022년 기준 - 을 사용하기도 한다)로 계산한 비용까지 고려해 준다.

E-NOC는 아래의 산식으로 계산된다.
E-NOC = [(보증금 × 이율)/12 + [명목임대료 × (12-렌트프리)/12] + 관리비]/전용률

따라서 위의 예시에서는,
= [(100만 원 x 3%)/12 + (7.5만 원 + 5만 원)]/50%
= 25.5만 원

25만5천 원이 E-NOC가 된다.
명목 NOC를 구하려면 렌트프리 등을 고려하지 않은 명목임대료로 계산하면 된다.

PLUS PAGE / **임대인들이 명목 임대료를 낮추지 않는 이유**

처음 상업용 부동산 시장을 접하는 독자들은 명목 임대료를 바로 낮추나, 렌트프리 등의 제공으로 실질 임대료를 낮추나 큰 차이가 없다고 생각할 수 있다. 그러나 현실적으로 명목 임대료를 시장 상황에 맞게 유동적으로 조절하기 쉽지 않다. 특히 명목 임대료를 낮추었다가 높이는 과정이 그러하다. 가격의 정가를 높게 책정하고, 할인 폭을 조절해가며 가격을 변화시키는 전략과 비슷하다. 물론 결국에는 임차인들이 명목 임대료가 아닌 실질 임대료를 보면서 의사결정을 하지만, 명목 임대료를 직접 조절하는 것보다는 심리적인 저항이 덜하다. 또한 명목 임대료를 낮출 경우 건물의 그레이드가 낮아진다는 인상을 줄 수 있으며, 명목 임대료는 상대적으로 쉽게 조사되기 때문에 명목 임대료를 확 낮출 경우 임대 시장에 크게 영향을 주어 임대를 더욱 어렵게 만들 수 있다.

PLUS PAGE / **렌트프리는 어떤 식으로 부여되나요?**

렌트프리는 1년을 기준으로 계산된다. 즉, 렌트프리가 3개월이라고 하면 통상적으로 오피스 임대차계약을 기준으로는 1년간 3개월의 렌트를 받지 않겠다는 뜻이다. 임대차계약이 5년간이라면, 총 15개월의 렌트프리가 부여되는 것이다. 임대차계약서에서는 특정 월, 또는 특정 임대차 개시 후 특정 개월 차에 렌트프리가 부여되는 것으로 기술한다. 아래 예시를 살펴보자.

> 제0조(무상임대기간)
> 임대차계약 기간 중의 무상임대 기간은 총 [15]개월로 하며, 무상임대 기간의 월 임대료 지급의무는 면제된다. 단, 임차인은 무상임대 기간 중에도 제0조에서 정한 월 관리비 및 점유로 발생한 실비성 비용에 대한 지급의무가 있다.
>
> 예시1) 무상임대 기간은 각 임차 연도의 마지막 3개월로 한다.
> 예시2) 무상임대 기간은 매년 7,8,9월로 한다.
> 예시3) 무상임대 기간은 각 임차 년도 별로 아래와 같다.
>   - 1년차 : 2,3,4월
>   - 2년차 : 5,6,7월…

예시 1과 같이 마지막 3개월을 렌트프리로 부과할 때 현금부족이 발생하지는 않는지 주의해야 한다. 건물 임대차 면적의 상당 부분을 차지하는 앵커테넌트의 렌트프리를 저런 식으로 부여하면 마지막 3개월에는 현금부족이 발생할 수 있다. 7,9월과 같이(재산세 납부) 큰돈이 나가는 시기와 겹치면 현금 부족으로 곤란한 상황이 생길 수 있다.

PLUS PAGE / **Fit-Out(FO) 기간은 임대차계약 기간에 포함되나요?**

일반적으로 FO 기간과 임대차계약 기간은 별도다. 즉, FO 기간을 부여하고(이 기간 중 관리비는 받는다.) FO 기간이 종료되면 임대차계약 기간이 시작된다. 다만 공사기간을 2개월로 예상하고 FO 기간을 2개월 부여했는데, 예정보다 공사가 일찍 끝날 수도 있다. 임대차계약마다 협상하기 나름이겠지만, 입주공사는 생각지도 못한 변수에 따라 밀릴 수도 있고 빨리 끝날 수도 있다. 하지만 공사 일정에 변동이 생겼다고 해서 FO를 그에 맞춰 바꾸지는 않는다(단 임대인의 귀책 등으로 공사가 늦어졌다면 추가 기간을 부여할 수도 있다). 입주 공사가 FO 기간의 종료보다 먼저 끝나면 임차인은 실제 입주하여 사용을 시작한다. 사용을 시작했다고 해서 FO 기간에 임대료를 지불해야 하는 것은 아니다.

B. 임대차계약의 과정

(1) 임대마케팅

마케팅이라는 용어를 여기에 쓰는 것이 부적합할 수 있으나, 통상적으로 업계에서 LR(Landlord Representative, 임대 대행사)을 선정하여 공실 면직에 대한 잠재 임차인을 발굴하는 일련의 과정을 임대마케팅이라 부른다. 반대로 임차인들이 임차할 면적을 찾는 것을 도와주는 TR(Tenant Representative, 임차 대행사)도 있다. LR과 TR은 일종의 공인중개사라고 이해하면 쉽다. 집을 구할 때도 집주인(임대인)은 계약할 때만 만나고 주로 공인증개사와 대화하지 않는가? 상업용 부동산도 마찬가지다.

임대 대행사는 한 건물에 대해 1개 또는 수개의 회사만 선정하는 때도 있고, 누구든 이 건물의 잠재임차인만 찾아오면 되는 때도 있다. 외국 본사에서 CBRE, Savills, C&W, JLL 등 글로벌 업체와 전속 대행 계약을 맺었을 때 그 효력이 한국에서도 유효한 경우가 많다. 이에 업체별로 확보하고 있는 임차인의 목록이 다르다. 패션 업체들은 어떤 대행사를 선호하고, 유럽계는 다른 대행사를 선호한다. 따라서 오피스는 한 곳만 임대 대행사를 선정하면 외국계 잠재 임차인 풀Pool이 크게 줄어들 수 있다. 반대로 여러 곳의 임대 대행사를 선정할 경우 운용대상인 건물에 대해서 전속보다는 아무래도 관심도가 떨어질 수밖에 없다. 전속 임대 대행사를 선정했다가 일정 기간이 지나면 해지할 수도 있으므로 건물의 상황, 자산의 특성에 따라 대응해야 한다.

데이터 센터와 물류센터의 임대차

데이터 센터는 물류와 비슷하게 임대인이 토지를 확보해 건물을 지은 후 임대를 하고, 렉 등 실제 센터의 가동에 필요한 장비들은 임차인 스스로 장비를 구비한다. 데이터 센터는 해당 데이터 센터를 관리하고 운용할 오퍼레이터의 존재가 필수적이다. 컨설팅 회사에서 데이터 센터를 운용하던 인력들을 영입해 관련 조직을 가지고 있어 오피스 건물의 PM 역할을 맡기려는 움직임이 있으나, 아직 실제 체결된 사례는 없으며 데이터 센터는 물류센터와 달리 센터의 관리 및 자본적 지출Capital Expenditure, CAPEX 등에 대해 전문적인 인력들과 운용 노하우가 필요하다. 따라서 에퀴닉스, 디지털리얼티, STT 등 해외 데이터 센터 사업자 또는 국내 통신사업자들과의 사전 협의를 통해 구축 예정인 데이터 센터의 오퍼레이터를 확정 짓고 사업을 시작하는 상황이 많다. 물류센터는 주요 임차인을 확보해 마스터리스 체결을 통해 장기 임대차를 체결하는 상황이 많다. 물론 임대인이 대행사를 통해 여러 임차인을 확보해서 운용하는 일도 있다.

리테일의 임대차

리테일 임차는 오피스와 상당 부분 비슷하나, 임차인의 구성을 추가적으로 고민해야 한다. 예를 들어 식음료 업종Food & Beverage, F&B의 임대료가 높다고 해서 모든 임차인을 F&B 업종으로 채운다면 안 될 것이다. 임차인 업종 간 시너지를 내거나, 최소한 서로 주요 고객군을 침해하지 않는 선에서 임차인을 선택해야 한다. 건물 관리 측면에서는 그릴류, 기름을 많이 쓰는 업종은 임대료는 높으나 화재의 위험이 높고 관리가 힘들다는(그릴류는 연기 등에서 발생하는 다른 임차인들의 민원이 발생할 가능성 높음) 단점이 있으므로 주의한다.

임대대행수수료의 지급

임대대행수수료는 임대인이 임대대행사에게 지불하는 중개수수료다. 신규 임차인과 임대차계약을 체결했을 때 그 과정을 도와준 임대대행사에게 임대대행수수료를 지급하게 된다. 기존 임차인의 재계약은 PM이 진행하므로 재계약(또는 내부 증평)을 하게 될 때 PM사에게 임대대행수수료를 지급하게 된다(물론 재계약도 임대대행사가 중간에 조율과정에 참여하는 상황도 있다. 그러나 이때 PM과 임대대행사와 수수료 배분을 어떻게 할지가 문제가 된다. 두 회사가 이를 두고 다투는 일도 있다). 수수료는 회사마다, 임대인마다 협상하기 나름이지만 대부분 정해진 임대 기준가를 초과하였는지 여부, 그리고 실질 임대차 조건이 얼마인지에 따라 차등적으로 수수료를 지급한다.

(2) 임대 기준가 제시 및 현장 방문(Site Tour)

주변 시세 조사, 그리고 자산의 임대율 추이를 바탕으로 각 자산별로 매년 임대 기준가를 산정한다. 물건에 가격이 있고 시즌별로 할인을 하듯, 건물도 임대의 정가를 정하고 그 면적의 특수성, 임차인의 특수성, 시장 상황 등을 고려하여 유연하게 대처한다. 임대 기준가는 대략 이 정도는 되어야 한다는 내부적 기준이다.

다만, 기준가는 임대 대행사에게 지급하는 수수료와 연관되어 있는 경우가 많다. 예를 들어, 임대 성공 횟수로만 수수료를 지급하면 임대 대행사는 최대한 싼 가격으로 많은 임차인을 들여와 수수료를 많이 챙기려 할 것이다. 이에 매년 임대대행사와 협의하여 임대 기준가를 정하고, 기준가를 100% 맞춰왔을 경우 수수료를 100% 지급, 기준가를 초과하면 임대인 입장에서 임대 수익이 증가하였으므로 대행사에게 일부 인센티브 형태로 요율을 상향하기도 한다(예: 기준가를 초과할 경우 기준가에 맞춘 임대보다 20% 추가 지급을 한다).

임대 기준가는 임차인에게 제시되는 가격의 기준이다. 해당 면적이 전층인지, 일부인지, 고층 부인지 저층 부인지, 전망은 좋은지 나쁜지에 따라 가격 조건은 조금씩 변한다. 임차인이 임차 대행사에게 의뢰하게 되면, 임차인의 예산에 맞는 건물 리스트를 받게 된다. 이 리스트에 각 건물별 제안 조건도 포함되어 있다.

이를 검토한 임차인이 임차공간을 직접 보고 싶다고 하면 현장 방문Site

Tour까지 이루어진다. 이러한 사이트 투어를 할 때는 공실 공간을 포함하여 건물의 외관, 편의시설, 리테일 공간들을 동선에 따라 보여준다.

(3) 임대차 협의

임대차 협의는 조건뿐만 아니라, 임차인의 위치도 포함한다. 예를 들어 전용 100여 평을 구하는 임차인인데 현재 우리 건물에 장기 공실인 전용 90평과 고층부의 전용 100여 평이 남아 있다고 해보자. 고층부의 전용 100평은 현재 시장 기준으로는 매우 구하기 힘든 공간이다. 한 층에 여러 임차인을 들이게 될 경우 한 층의 면적을 분할하게 되는데, 임대를 하다 보면 전용 100평 미만의 면적들이 자투리 옷감처럼 남는 상황이 종종 발생한다.

이러한 면적은 임대 기준가에 다소 채우지 못하더라도, 비슷한 면적의 임차 문의가 들어왔을 때 할인해서라도 임대하는 것이 낫다. 또한 한층을 분할할 때는 신중하게 생각해야 한다. 전층을 임대할 경우 복도를 내지 않아도 된다. 그러나 분할하여 임대할 때 공용면적을 일부 활용해 복도를 만들어야 한다. 계단실, 엘리베이터에 모든 임차인들이 접근할 수 있도록 해야하기 때문이다. 이렇게 복도를 만들면 임차인이 실제로 사용하는 공간이 줄어들게 된다.

아래의 예시를 통해 확인해 보자. 임대면적 200평/ 전용률 50%(즉, 전용면적이 100평)인 공간이 있다고 해보자. 한 개의 임차인이 사용할 경우, 이 임차인이 실제로 사용(점유)할 수 있는 한 층의 면적은 전용 100평이다(다음 페이지 그림 좌측). 반대로 임차인 복도를 10평 내야 할 때 실제 임차인들이 사용할 수 있는 면적은 전용 90평(각각 전용 45평)이 된다. 임대 면적은

공용 복도가 없는 경우	공용 복도가 있는 경우	
임차인1 임대면적: 200평 전용면적: 100평 전용률: 50%	**임차인2** 임대면적: 100평 전용면적: 45평 전용률: 45%	**임차인3** 임대면적: 100평 전용면적: 45평 전용률: 45%
	공용면적(복도)- 면적: 전용 10평	

변하지 않는데 전용면적이 감소하는 것이고, 이것을 '전용률이 떨어진다' 라고 표현한다.

분할을 하면서 앞에서 언급한 자투리 면적이 남는 상황이 많기 때문에, 이와 같은 경우를 고려하여 신중히 판단하여 분할을 결정하여야 한다. 통상 임대료, 관리비, 보증금 조건 외에 임대인이 제공할 수 있는 조건으로는 '렌트프리Rent Free와 핏아웃Fit-Out, TI'가 있다. 보증금의 경우, 오피스 임대차에서는 통상 월 임대료의 10배 정도를 보증금으로 수취한다(리테일 임대 시에는 오피스보다 위험도가 높으므로, 10배보다 높여 15배 수준으로 보증금을 받는 것을 추천한다. 다만, 프랜차이즈 업종이 아닌 개인 임차인일 때 이 금액을 다 내지 못할 수도 있다. 이때 보증금에 대한 보증보험 가입 등으로 대체하는 방법도 있다). 보증금은 임대차계약서에 그 납입 시점까지 정하는 것이 일반적이며, 계약 시 일부(대략 30%), 그리고 입주공사 개시 시점에 나머지(70%)를 납부한다. 납부 비율은 임대차계약에 따라 달리할 수 있다. 절대적인 수치가 아님을 참고 바란다. 보증금 입금 시에는 부가세를 별도로 받을 필요는 없다. 다만 보증금을 보유하고 있으면 '간주임대료 부가세'가 발생한다.

임대료와 관리비는 부가세를 별도로 받아서, 부가세 신고 기한에 맞추어 부가세 납부를 해야 한다. 부가세 이슈가 펀드/리츠 운용, 나아가 사업을 하는데 중요한 이슈이니 잘 파악해두기 바란다.

PLUS PAGE **보증금이 중요한 이유**

많은 임차인들이 성실하게 임차료를 납부하지만, 그렇지 않은 임차인도 분명히 존재한다. 심지어는 집기나 인테리어를 그대로 두고 연락두절이 되어 버리는 일도 있다. 임차인이 법인일 때 법인이 파산신청을 해버리면 추가적인 돈을 받지 못하는 상황도 많다 (가압류 등을 해도 법인이 이미 재산을 빼돌린 이후일 경우가 많다). 이때 미납 임대료를 받아오지 못하는 것은 물론, 해당 면적을 새로이 임대하기 위해 기존 사용면적의 명도, 원상복구까지 임대인이 진행해야 한다. 이 비용까지 고려하여 상당한 버퍼를 두고 임대보증금을 받는 것이다.

---

(4) 제소전화해

제소전화해는 제소, 즉 '소송을 하기 전 화해를 해둔다'는 뜻이다. 임대차계약 등을 바탕으로 제소전화해 조서를 작성, 변호사를 통해 법원에 접수한다. 법원에서 심사 후(임대차계약은 사적 계약인데, 이보다 상위 법률인 상임법 - 상가건물 임대차보호법 - 등에 위배되는 조항이 있는지 확인한다) 일종의 판결문인 '제소전화해조서'를 받을 수 있다. 다만 임차인에게 너무 불리하다고 판단이 되거나, 상임법을 위반한 조항들은 삭제될 수도 있다. 예를 들어, 임차료를 1기만 연체해도 임대인은 해지할 수 있다는 조항이 있다고 해보자. 임대차계약서에 이렇게 적는 것 자체가 문제가 되지 않으나, 상임법 제10조8에 따르면 임차인의 차임 연체액이 3기에 달하는 때에 임대인이 계약을 해지할 수 있도록 되어있다. 즉, 임대차계약보다 상위법인 상임법에서 연체의 기수를 임대차계약보다 높게 정하고 있어 해당 조항은 무효

이고 임차인은 1기 연체로는 해지당하지 않게 된다.

통상 펀드/리츠가 건물을 소유한 경우 제소전화해는 임대차계약에서 기본 옵션으로 요구하는 일이 많다. 문제가 생겼을 때 굳이 재판으로 가지 않고 임대차계약 체결, 입주와 동시에 제소전화해 조서를 접수시키고, 문제가 생기면 이를 바탕으로 바로 연체에 대한 명도 등 집행 접수를 더욱 빠르게 할 수 있기 때문이다. 다만 오피스 임차인들과는 제소전화해를 임대차계약서 조항에 넣지 않는 일도 있다. 프라임 오피스를 운영하는 경우 누구나 이름 아는 임차인일 때 임차인에게 제소전화해를 요구한다면 임차인이 기분 나빠할 수도 있다. 다만 임차인의 재무 상태 등이 악화될 것으로 예상되거나 현재 좋지 않다면 기본적으로 이러한 임차인을 받지 않는 것이 현명할 것이나, 불가피하게 계약을 체결해야 할 때 오피스 임차인은 안전장치의 하나로 임대차계약 체결과 동시에 제소전화해를 접수할 것을 추천한다.

제소전화해와 상가건물 임대차보호법

상가건물 임대차보호법에 대해서는 뒤에서 보다 자세히 설명할 예정이다. 제소전화해 접수 시 법무법인을 통해 기존 임대차계약을 통해 조서를 작성하고, 이를 법원에 접수하면 판사가 검토 후 승인하여 최종 조서가 발급된다. 이 과정에서, 임차인에게 불리하다고 판단되거나 상가건물 임대차보호법에 위반이 되는 내용이 있다면 판사의 직권으로 삭제될 수 있다 (위약벌이 과다하거나, 2기의 차임 연체로 임대차계약을 해지한다고 하는 등의 조항 - 상가건물 임대차보호법에서는 3기의 차임 연체로 해지할 수 있도록 하고 있다).

특히 리테일에서는 임차인이 제소전화해 체결을 차일피일 미룰 수 있다. 임대인이 제소전화해를 전담해 줄 법무법인을 선정하고, 임대차계약 협의 당시부터 제소전화해를 챙기면 제소전화해와 관련해서는 임차인과 임대인을 한 법무법인이 쌍방으로 대리가 가능하다(적합한 서류를 갖춘다는 전제하에서). 임대차계약 체결 직후 단계에서 제소전화해를 마무리해두지 않으면 추후에는 더 조서를 받기 어려워지니 주의한다.

서울중앙지방법원
화해조서

사　　건　　○○○○자 ○○○○○ ○○○○

신 청 인　　임대인

피신청인　　임차인

판　　사　　○○○

사건과 당사자의 이름을 부름

신청인들 소송대리인 변호사 ○○○　　　　　　　　　출석

피신청인 대리인 ○○○　　　　　　　　　　　　　출석

위 당사자는 다음과 같이 화해하였다.

신청 원인

1. 신청인과 피신청인은 소유의 별지 부동산 목록기재 건물 지하 1층 중 도면표시 ㉠, ㉡, ㉢, ㉣의 각 점을 순차 연결한 부분에 관하여, 임대차 기간은 2020년 1월 1일부터 2022년 12월 31일까지, 임대차보증금은 금 0원, 월임대료 금 0원(부가가치세 별도), 월 관리비는 금 0원으로 정하는 임대차계약을 체결하였습니다.

2. 신청인들과 피신청인은 피신청인이 신청인들에게 지급할 월 임대료, 월 관리비 지급문제, 계약 종료 시의 임대차 목적물의 명도 문제에 관하여 수차례 협의한 바, 화해 조항과 같이 서로 화해할 것을 합의하여 본 신청을 하기에 이른 것입니다.

화해 조항

1. 신청인들과 피신청인은 임대차 기간 만료 6개월 전까지 임대차계약의 종료 또는 조건 변경등을 통지하지 않는 경우 임대차 기간이 자동으로 기존과 동일한 조건으로 1년간 연장한 것으로 간주합니다.

...

(이하 생략)

---

(5) 임대차계약서의 협의 및 체결

계약서의 검토 업무를 맡게 될 경우, 일단 검토해야 하는 계약서를 한 번 쭉 읽어보자. 어차피 외부 법무법인을 통해 법률자문을 받거나, 회사 내부에 법무 부서가 있어 법률적인 부분은 해당 부서에서 판단을 도와준다. 물론 경험이 쌓이면 어느 정도 법률적인 부분도 판단할 수 있으나, 쉽지 않을 수도 있다. 다만 본인이 계약서를 읽어보고, 그 상황이 발생하였을 때 어떤 문제가 생길지 스스로 생각해 보는 과정이 필요하다.

예를 들어, 임대차 계약서에 "임대료 상승률은 3% 또는 물가상승률 중 높은 것을 따른다"라는 조항이 있다고 가정해 보자. 예전에는 물가상승률이 3%보다 낮았기 때문에, 3%씩 인상하면 되었다. 그런데 최근에는 어떠한가? 물가상승률이 3%를 크게 상회한다. 그렇다면 임차인은 많고 많은 물가지표 중에서 낮은 것 - 예를 들어 '근원물가 상승률로 봐야 한다'라고 주장할 수 있다 - 을 주장할 것이고, 임대인은 최대한 높게 받을 수 있는 지표가 기준이 된다고 주장할 것이다. 따라서 이 조항은 '통계청에서 발표하는 소비자물가지수의 연간 상승률을 다음 연도 임대료 상승에 반영한다'와 같이 기준점을 구체적으로 잡아야 한다. 구체적으로 기술하는 데 한계가 있다면, 예시를 추가하는 것도 방법이다. 리츠는 특히 더욱 장기계약이고 펀드에서도 5년, 10년짜리 임대차계약이 체결되는 상황도 종종 발생한다. 이때 그전에 계약을 체결한 당사자 간의 의도 - 회사는 그대로 있을 것이지만, 10년이라는 기간 동안 실무자가 변하지 않을 수는 없을 것이다 - 를 명확히 해야 나중에 탈이 없다.

통상 집합투자기구가 소유하고 있는 건물의 임대차 계약에 포함되는 내용은 아래 항목과 같다.

임대차 조건

자산의 유형마다, 자산의 위치(권역)마다 임대차 조건은 천차만별이다. 부동산 관련 컨설팅/리서치 회사들이 매 분기, 매년 주기적으로 시장 보고서를 권역별로 만들어서 공개하고 있다. 이러한 정보들을 참고하면 권역별로 대략적인 임대가 수준을 파악할 수 있다.

개인적으로는 세빌스(www.savills.co.kr)와 에비슨영(www.avisonyoung.co.kr)을 많이 참고한다. 에비슨영은 세빌스 등에서 잘 다루지 않는 권역(분당, 서울 기타 권역)들에 대한 정리도 잘 되어있는 편이다. 다만 렌트프리, TI 등의 정보는 잘 공개되지 않는다.

리테일은 오피스, 물류센터보다 시장 조사가 힘들다. 특히 리테일은 같은 건물이라도 층수, 위치, 가시성에 따라 임대 조건이 달라지기 때문이다. 이때 특정 층의 임대료 조건을 파악한 후 한국부동산원에서 확인할 수 있는 층별 효용비율을 통해 다른 층의 임대료를 추정해 볼 수 있다. 물론 정확한 방법은 아니지만, 모든 층의 임대 조건을 확인할 수 없을 경우 유용한 추정 방법이다.

판교, 성수와 같이 신흥 권역이거나, 마땅한 조사 사례가 없을 때는 쿠시먼앤드웨이크필드(www.cushmanwakefield.com)와 같은 리테일 전문 리서치/컨설팅 기업의 도움을 받는 것도 방법이 될 수 있다.

임대차조건의 조정

보증금, 임대료, 관리비를 모두 매년 인상하는 경우도 있지만 보증금의 인상은 득실을 잘 따져보아야 한다. 보증금의 인상 조건은 임차인들이 선호하지 않는다. 매년 돈을 마련해 정해진 기일에 넣는 것이 번거롭기 때문이다. 또한 보증금 인상을 통해 임대인이 얻을 이득도 크지 않다. 보증금은 자산이긴 하지만 언젠가는 임차인에게 돌려줄 부채다. 따라서 일반적으로 보증금은 정기예금 등 안전한 상품에 투자를 하기 때문에 보증금 추가 수취분으로 임대인이 얻는 추가 수익이 크지 않다. 오히려 보증금 금액이 매년 변동할 때, 보증금에 대한 근저당권 설정 금액을 변경하는 것과 같이 불필요한 비용이 더 들 수도 있다. 최근에는 보증금을 전부 또는 일부 보증보험 증권으로 대체하는 경우도 많아, 보증금 인상 조건은 넣지 않는 추세다.

임대료와 관리비 상승을 물가상승률과 연동시킬 때 정확히 어떤 통계지표를 기준으로 어떻게 계산할지 확실하게 하는 것이 좋다. 애매한 조항은 임차인과 갈등만 발생시킨다. 만약에 보증금도 인상을 시킨다면, 언제까지 보증금 차액분을 납입해야 하는지도 명확히 하자.

중도해지의 허용 여부

TI를 지급하는 등 공들여 유치한 임차인이 짧은 기간 안에 퇴거하겠다고 하면 임대인 입장에서는 매우 큰 손실이다. 이러한 경우를 대비하기 위해 임대차 기간과 별도로 중도해지 불가능 기간을 정한다. 예를 들어 '5년의 임대차계약이라면, 36개월 동안은 중도해지가 불가능하다'는 조항을 넣는 것이다. 물론 임차인은 중도해지 기간을 원하지 않으므로, 임차인의 니즈 등에 따라 적절히 협상해야 한다.

중도해지의 통지 기간

후속 임차인을 구하기 위해 중도해지가 가능한 기간에는 최소 6개월 전 임대인에게 통지한다는 조항을 넣는 것이 좋다. 6개월 정도의 시간이 있어야 해당 면적에 대한 대체 임차인을 구해 다운타임Downtime을 최소화할 수 있기 때문이다.

우선임차권

우선임차권이란 인접한 층이 공실이 생겼을 때 우선임차권이 있는 임차인이 우선적으로 임대인과 협의할 수 있는 권리를 말한다. 술집이나 카페에서 전망이 좋은 창가 자리는 자리가 잘 나지 않는데, 이럴 때 점원에게 "저 자리 사람이 가면 옮겨주세요"라고 말해본 적이 한 번씩 있지 않은가? 우선임차권은 이와 비슷하다.

우선임차권은 꼭 인접한 층에만 부여하라는 법은 없다. 예를 들어 건물마다 소위 말하는 '로열층'이 있기 마련인데, 그 층에 대해 우선 임차할 수 있는 권리를 줄 수도 있는 것이다. 사적 계약의 영역이라 반드시 인접 층에만 부여해야만 하는 것은 아니다. 다만 통상적으로 임차인들이 우선임차권을 요구하는 이유가 본인들의 사업 확장 등으로 인해 오피스가 늘어날 가능성이 있기 때문에, 주로 인접층에 대해 우선임차권(예: 12층을 임차했으면, 11층 또는 13층을 임대)을 요구한다. 임차인들은 되도록 연층(연속되어 배치된 층)을 사용하길 원하기 때문이다. 이는 오피스에서 한번 일해 보면 알수 있는데, 같은 회사가 서로 먼 층에 떨어져 있으면 이동하기가 상당히 불편해진다.

또한 우선임차권을 꼭 한 층당 한 개의 임차인에게만 부여해야 하는 것은 아니다. 근저당권 순위와 같이 순서를 정해 한 층에 여러 임차인에게 우선임차권을 부여할 수 있다. 다만, 그 부여의 순서를 명확히 해야 한다. 예를 들어 11층, 12층, 13층에 각각 다른 임차인이 있다고 해보자. 12층이 공실이 되면, 11층 임차인도 12층을 노릴 수 있고 13층 임차인도 마찬가지다. 이때 우선임차권은 대개 시간순으로 부여되기 때문에, 11층 임차인이 먼저 임대차계약을 체결했다고 하면 11층 임차인이 12층에 대한 우선

임차 권리를 가진다. 다만 11층 임차인이 이를 반드시 임대해야 하는 것은 아니다. 우선적 권리를 준다는 것이다. 11층 임차인이 권리를 포기하면, 다음 순위인 13층 임차인에게 순서가 넘어가게 된다.

PLUS PAGE | **우선임차권 파악을 위한 Tip**

대형 오피스 건물의 운용을 맡게 된다면, 시간이 많을 때 임대차계약서를 임차인별로 하나하나 읽어보면서, 우선임차권이 있는 부분을 파악하고, 층별로 우선 임차 권리를 파악하는 것이 좋다. 또는 최소한 PM을 통해서 임대차계약을 할 때 파악하고 있어야 한다. 우선임차권이 있는데 다른 임차인을 들이거나 순서가 돌아오지 않은 다른 임차인과 협상을 시작하면, 우선임차권을 가지고 있는 임차인과의 계약을 위반한 것이 된다.

보증금의 입금

주택의 임대차(전세) 계약을 생각해 보자. 임대차 계약을 하는 날 대개 임차인이 임대인에게 보증금의 약 10% 정도를 이체하고, 입주하는 날 나머지 보증금을 낸다. 상업용 부동산도 별반 다르지 않다. 그 비율은 정하기 나름이지만, 통상적으로 임대차 계약을 체결하는 날에 보증금의 10~30% 정도를 임대인에게 입금한다. 나머지 금액은 입주 공사를 시작하는 날에 입금한다. 입주 공사를 시작하는 시점부터 사실상 임차인이 그 공간을 점유하는 것이기 때문이다.

보증금의 입금 방법

보증금은 전액 현금으로 입금하는 것이 일반적이다. 오피스, 물류센터는 대부분 임대차 보증금 정도는 현금으로 납부할 여력이 있다. 그러나 리테일은 그렇지 못한 경우가 종종 발생한다. 이때 보증금의 일부는 현금으로 직접 납입을 받고, 나머지 금액은 SGI서울보증 등에서 발급받을 수 있는 이행(지급)보증보험 계약증권으로 대체할 수도 있다. 이때 임차인 입장에서 보험료를 내는 것으로 수천만 원 정도에 해당하는 보증금을 대체할 수 있어 좋다.

하지만 이러한 기존 임대인이 건물을 매도할 때 보증보험의 피보험자(임대인)의 변경이 필요한데, 현실적으로 이 명의를 변경하는 것이 쉽지 않다. 자산 매각 등으로 임대인이 변경될 경우 변경되는 임대인으로 재가입하거나, 보증금을 다른 방법으로 납부하게 하는 건물을 매각했을 때도 고려해 임대차 계약서에 반영해야 한다.

지체상금

지체상금은 정당한(당사자 간 합의한) 사유 없이 계약의 이행을 지체하였을 때 부과되는 일종의 벌금이다. 보증금, 임대료, 관리비 등이 연체되었다고 바로 그 계약을 해지하지는 않는다. 임차인 사정에 따라 입금이 일부 늦어지는 때가 있다. 특히 보증금은 외국계 회사와 계약을 체결할 때 본사에서 돈을 보내고 환전하는 절차 등이 있어서 보증금 입금의 기한을 맞추지 못하는 일이 종종 생긴다. 늦어지면 그만큼 지체상금을 지불하면 된다.

물론 이러한 지체상금을 항상 모두 받아내는 것은 아니다. 임차인과의 관계와 상황을 고려해 면제/감면을 시켜주는 일도 있다. 하지만, 임대차계약서에는 일단 명시적으로 지체상금에 대한 내용과 그 요율을 확실히 정해야 한다.

위약벌 & 위약금

임대차계약은 임대인과 임차인 간의 약속이다. 임차인들이 약속을 잘 지키면 좋겠지만, 실제 업무를 하다 보면 임차인이 계약을 위반해 임대인에게 손해를 끼치는 상황도 있다. 손해배상 청구를 진행하면 되지 않냐고 물을 수 있는데 현실적으로 손해배상을 청구하는 절차는 생각하는 것 이상으로 굉장히 까다롭다. 임차인이 계약을 잘 지키지 않았다는 것만 증명하면 되는 것이 아니라 그것이 임대인에게 어떻게, 얼마나 손실을 끼쳤는지까지도 입증해야 하기 때문이다.

그래서 민법은 손해배상액을 미리 정할 수 있도록 하고 있다(민법 398조 4항). 이를 위약금이라고 한다. 이렇게 손해배상액을 예정하여 계약을 체결한 경우, 상대방의 계약 불이행만 입증하면 손해배상예정액을 받아낼 수 있다. 다만 이 손해배상예정액이 부당할 정도로 과다하다면 법원이 재량으로 감액을 할 수 있다는 점에 주의한다(민법 398조 2항).

위약금 말고 위약벌이라는 개념도 존재한다. 위약벌은 위에서 언급한 손해배상액의 예정과는 구별된 개념으로 '계약을 위반한 사람을 제재하고 계약의 이행을 간접적으로 강제하기 위한 것'으로 규정된다. 위약벌은 손해배상의 예정액과 별도로 금원을 받아낼 수 있다는 점에서 위약금과 구분된다.

영업품목, 영업시간

리테일의 임대차 계약에서는 각 업장별 영업품목 및 영업시간에 대해서도 명확히 하는 것이 좋다. 오피스 건물에 입주한 리테일 매장은 오피스의 상주 인원이 주요 손님이다. 따라서 오피스에 출근하는 사람이 줄어드는 주말에는 되도록 영업을 하지 않으려 한다(주말에 종로, 강남 등 주요 업무 권역에 가보아라. 많은 식당들이 매우 짧은 시간 영업을 하거나, 주말은 아예 열지 않는 경우가 많다). 그러나 임대료를 정액이 아닌 일정 비율(매출연동 임대료)로 받을 때 주말에도 가게를 열어 1만 원이라도 더 매출을 내야 임대인이 받아가는 임대료가 상승한다. 따라서 주말 중 1일은 휴무 허용, 평일에는 몇 시부터 몇 시까지, 토요일은 몇 시부터 몇 시까지 영업해야 하는지와 같이 영업시간을 명확히 하고 이를 의무화하는 것이 좋다.

단, 주말 매출이 너무 저조할 경우 오히려 일주일 내내 영업하는 것이 역효과를 낼 수도 있다. 적자가 너무 심해지면 매장을 운영할 의욕을 잃어버리게 된다. 이렇게 된다면 임대인도 손해를 보게 된다. 임차인이 망해서 나가면 새로운 임차인을 구하기 위해 다운타임Downtime과 임대 대행수수료와 같은 비용이 발생하기 때문이다. 따라서 건물 내 유동인구와 임차인별 매출 상황을 바탕으로 상황에 맞게 영업시간에 대한 의무를 조절하는 것이 좋다.

또한 임차인이 건물 내에서 특정 업종에 대한 독점(예: 병원, 약국, 특정 음식 등) 권한을 요청하는 때가 있다. 이러한 독점을 허용할 경우 임대료를 상대적으로 높게 받을 수 있으나, 임대인의 임차인 선택폭이 감소한다는 것이 단점이다.

경쟁업체 입주 금지 조항

리테일에서 영업품목에 대한 제한 요청을 하는 일이 있듯이 오피스에도 이와 비슷한 요구가 있다. 업계의 경쟁구도가 명확할 때 동종업계의 입주 금지 조항을 요청하는 일도 생긴다. 특히 금융업종 등에서 경쟁업체의 입주 여부를 민감해 한다.

간판 등의 설치물(사이니지 Signage)

거리를 돌아다니다 보면, 간판이 건물을 거의 뒤덮다시피 설치된 사례를 자주 볼 수 있다. 이러한 건물은 대부분 구분소유인 경우가 많다. 건물의 전체적인 미관상 가치 등을 생각하지 않고, 임차인들에게 간판이 필요하니 무분별하게 설치하는 것이다.

간판 자체가 나쁜 것은 아니다. 특히 리테일에서는 임차인의 영업에 필요하다. 그러나 건물 전체의 미관적 가치를 고려하면 무분별한 간판 등의 설치는 막아야 한다. 따라서 임대차계약서에 간판 및 명판, × 배너와 같은 광고물은 임대인의 승인이 있어야 설치할 수 있다는 조항을 삽입해야 한다. 오피스 임차인들은 이러한 간판에 크게 미련이 없다. 상당히 많은 면적을 쓰는 경우에만, 임대인에게 일정 면적 이상을 임차할 때 건물 외부 상단에 간판(이해를 돕기 위해 '간판'이라는 용어를 사용하였으나, 사이니지라고 하는 것이 일반적이다. 사이니지는 간판, 건물에 부착된 대형 스크린, 안내판 등을 모두 포괄하는 용어다.)을 요구하는 것이 일반적이다.

테헤란로 등 오피스 권역을 돌아다니다 보면 건물 외벽, 대로변에서 잘 보이는 위치에 기업의 간판이 붙은 경우를 볼 수 있다. 일반인들은 특정 기업의 간판이 붙어 있다면 '아, 저 건물이 그 기업의 사옥이구나(그 기업의 소유구나)'라고 일반적으로 생각한다. 그런 효과를 노리고 간판을 설치한 것이긴 하나, 반드시 임차인 소유의 건물인 것은 아니다(사옥을 가지려면 생각보다 많은 돈이 필요하다). 건물을 소유하지 않은 임차인도 건물에 간판을 부착할 수 있다. 앞으로 이런 간판이 보이면 그 기업 소유의 사옥인지 아닌지 한번 확인해 보자.

리테일 임차인은 간판 등 사이니지에 예민하게 반응한다. 손님들이 쉽게 찾아오기 위해서는 사이니지가 많고 목이 좋은 위치에 있어야 하기 때문이다. × 배너와 같은 홍보물도 마찬가지다. 본인들의 할인행사 등을 홍보하기 위해 무분별하게 공용공간에 × 배너를 설치하는 임차인들이 있는데, 이러한 것들을 방치하면 복도 전체가 × 배너와 같은 광고물로 가득 차게 될 수도 있다. 이러한 홍보용 사이니지들도 임대인이 지정한 공간에, 임대인의 승인을 받고 설치하도록 관리해야 한다.

주차장의 사용

오피스는 통상 전용 평당 무료주차 1대와 같은 식으로 면적에 따른 부여 기준이 정해져 있다(건물 내 헬스장 등의 편의시설이 있어도 임대면적과 비례해 출입 가능 인원 수를 배분한다). 이 부분은 권역별로, 건물의 주차 상황별로 기준은 약간씩 다르므로 상황에 맞게 주차대수를 배분하면 된다.

리테일 임차인에게도 각 매장마다 무료 주차 대수 1대는 배분하는 것이 일반적이다. 다만 리테일의 경우 방문자 무료주차에 대한 협상도 해야 한다(아예 주차권을 몇 장 주는 상황도 있다). 통상적으로 임차인(임대차계약 당사자)을 위한 무료 지정주차 1대, 방문 주차는 2~3시간 정도를 부여하는 것이 일반적이다. 주차에 대해 언급하는 이유는 주차도 곧 수입으로 이어지는 부분이기 때문이다. 서울 시내 주요 지역 기준으로, 1달 정기주차 비용이 약 25만 원에서 비싼 곳은 30만 원까지 한다. 만약에 임차인에게 주차 1대를 더 준다면, 임대인 입장에서 발생할 수 있는 수익이 약 25만~30만 원 정도 감소하는 것이다.

최근에는 건물 내 주차를 모두 하이파킹, GS파킹 등 주차 전문 운영업체에 위탁 임대하고, 해당 업체들로부터 임대료를 수취하는 방식으로 운영하는 건물도 있다. 위탁운영이 아니라 직접 운영한다면 주차장을 이용한 추가 수익 창출 방안을 생각해 볼 수 있다. 서울 내 주요 오피스는 주말에는 주차 대수에 여유가 생긴다. 반대로 백화점 등 상업시설은 주말에 주차 대수가 부족하다(신세계백화점, 롯데백화점 등에 주말에 주차해 본 경험을 떠올려 보시라). 이러한 주변 건물들과 협약을 통해 추가 수입을 창출할 수 있다.

원상복구

임차인과 임대인 사이 가장 많은 다툼의 소지를 제공하는 것이 바로 원상복구다. 원상복구는 제공된 시설물을 퇴거 시 입주 당시의 상태로 되돌려 놓는 것을 말한다. 상업용 부동산에서 원상복구는 아주 중요하다. 제대로 완료되지 않은 원상복구는 임대인의 비용 증가로 연결되기 때문이다. 일단 원상복구의 원칙은 임차인이 처음 들어갔을 때와 동일한 상태로 되돌려 놓는 것이다(임차인의 고정물, 장비 등은 모두 제거 후 퇴거).

그러나 원상복구 작업을 임대인의 기준에 맞게 임대인이 만족하는 수준으로 진행하는 임차인은 없다. 임대차 계약이 장기일 때 자연 마모 등을 주장하는 일도 있다. 특히 천장 택스와 카펫에 대해 이런 상황이 많이 생긴다. 그래서 애초에 임대차계약 시작 단계에서 가능한 많은 부분의 사진을 찍어두고(주요한 부분을 위주로) 그 상태로 원상복구를 진행하라고 합의하는 것이 좋다. 두루뭉술하게 '최초의 상태로 원상복구한다'라고 할 때, 그 최초의 상태에 대한 합의가 안 되어 있기 때문에 임차인과 임대인 간 의견 차이가 분명히 생긴다.

임대차계약 종료가 2022년 10월 31일이라고 한다면 원상복구를 마치고 임대인에게 넘기는 그 시점이 2022년 10월 31일이란 뜻이다. 2022년 10월 31일까지 영업을 하고, 그 이후에 원상복구를 하는 것이 아니다. 따라서 임차인은 퇴거가 예정되어 있다면 원상복구에 소요될 시일까지 생각해서 영업을 종료해야 한다.

보험

보험[3] 부분은 특히 리테일 임대차계약에서 꼼꼼히 챙겨 보아야 한다. 많은 리테일 업장들이 화기를 사용하다 보니 그 위험이 작든 크든 화재의 위험에 노출된다. 따라서 당연히 임차인은 손실/손해에 대한 위험을 대비할 수 있는 보험을 들어야 하고, 그 업장에서 불이 나서 다른 업장 및 건물 전체에도 피해를 입힐 수 있으므로 임대인도 추가 피보험자로 등재하는 것이 좋다. 단순히 편의점과 같이 상품 판매한다면 화재보험은 필요 없을 수도 있다. 다만 그 업장이 중국 음식점, 그릴류(고깃집)와 같이 기름을 많이 사용하는 업종에서 배기 덕트 등의 청소가 제대로 이루어지지 않으면 화재의 가능성이 높고, 화재가 날 경우 그 피해도 크다. 이러한 업종들은 반드시 화재보험 여부를 점검하자. 임대차 계약서에 화재보험 가입을 의무로 하고, 정해진 기한 내에 임대인에게 보험증권을 제출하도록 해야 한다(예: 임대차계약 체결 후 1달 이내에 임대인에게 제출).

보증금의 반환

임차인과의 계약이 종료되면 받았던 임대보증금을 당연히 돌려줘야 한

---

[3] 임대인이 가입하는 재산종합보험이 아닌, 임차인의 영업활동 중 생길 수 있는 위험을 대비한 보험을 말한다.

다. 다만, 임차인이 원상복구를 제대로 하지 않거나, 미납한 금원(임차료, 관리비, 수도광열비 미납분) 등이 있을 때 일부 금액을 감액하여 반환할 수 있다.

여기서 주의할 점이 한 가지 더 있다. 임차인이 보증금을 돌려받을 계좌를 반드시 공문 등을 통해 확인받아야 한다는 것이다. 보증금이 적게는 몇 천만 원 정도이지만, 몇 억 단위인 때도 있다. 공문을 통해 어떤 계좌로 입금 받아야 하는지 명확히 하지 않는다면, 어느 한쪽 실무자가 마음을 먹으면 기업의 계좌가 아닌 다른 계좌로 보증금을 반환받아 빼돌릴 수도 있다. 반드시 공문을 통해 반환받을 계좌를 확인하고, 예금주 등의 정보를 확인해 그 계좌가 실제 그 기업의 계좌가 맞는지 확인하자.

보증금 반환 요청 공문의 예시

문서번호: A-01
시행일자: 2022.11.01
수신: ○○타워 임대인
참조: 업무 담당자
제목: ○○타워 임대차계약 종료에 따른 보증금 반환 요청의 건

1. 귀사의 일익 번창함을 기원합니다.
2. 당사와 귀사가 2019.01.17. 체결한 임대차계약의 종료가 2022.11.16. 예정됨에 따라, 명도 및 원상복구가 확인된 날로부터 5영업일 이내에 아래의 계좌로 당사가 지불한 임차보증금을 반환해 주실 것을 요청드립니다.
3. 임차보증금 반환 계좌: A은행 / ○○○-○○-○○○○○ / 예금주: A회사

임대차계약의 체결

위에 언급된 내용에 대한 임차인과의 협의가 끝나면 협의된 내용을 담은 임대차 계약서에 도장을 찍으면 된다. 다만 한 가지 주의할 점은 어떤 도장을 찍을지 찍기 전 한 번 생각해야 한다는 것이다. 가장 일반적인 신

탁형 집합투자기구(투자신탁)는 신탁업자의 도장을 찍어야 한다(집합투자업자의 도장을 찍는 것이 아니다). 회사형 집합투자기구(투자회사)는 투자회사 설립 시 투자회사가 사용할 도장을 만들고 등록하게 되어 있다. 투자회사는 이 도장을 사용해 임대차 계약 등을 체결한다. 투자신탁은 펀드 비즈니스를 위한 하나의 도관에 불과하기 때문에 투자신탁 고유의 인감이 없다고 이해하면 쉽다. 단지 임대차계약서뿐만 아니라 각종 공사도급계약서, 신청서, 청약서 등에도 어떤 도장을 찍어야 하는지 생각해 봐야 한다.

(6) 임대차계약 기간 중 발생하는 문제

오피스의 임차인은 임대차계약을 체결한 이후에는 재계약 등 계약기간 외에는 상대적으로 신경 쓸 부분이 적다. 물류센터는 중대재해처벌법 등으로 화재 및 센터 내 사고에 대한 관리에 대해 임차인과 논의할 부분이 있고 진출입로 등과 관련한 민원도 다소 자주 발생하는 편이다. 하지만 임차인과 가장 임차인과 많이 부딪히는 섹터를 하나 꼽으라면 리테일 섹터를 들겠다. 물류센터와 오피스는 대부분 기업을 상대하지만, 리테일은 개인(사업자)과 임대차계약을 체결하는 일이 많다. 기업들은 임대차 계약 등만 전담하는 팀이 별도로 있는 경우가 많고, 펀드/리츠 등과 계약을 체결한 경험도 많아 상대적으로 임대인이 요구하는 제소전화해 등에 대해 협조적이다. 그러나 리테일 임차인은 임대인 입장에서는 작은 비용, 작은 부분이라고 생각하는 것들도 개인이다 보니 상대적으로 크게 느낄 때가 많다.

특히 리테일은 상가임대차법(상가건물 임대차보호법, 이하 '상임법')의 적용을 받는 경우가 많다(정확히는 상임법의 적용 대상은 부가가치세법 8조, 소득세법 제168조 또는 법인세법 제111조에 따른 사업자 등록자 대상이 되는 건물이다). 상임

부동산 자산의 운용

법의 강력함은 상임법 제15조에 나와 있다. 상임법을 위반해서 체결된 임대차 조항 중 임차인에게 불리한 것은 효력이 없다고 규정하고 있기 때문이다. 따라서 상임법에서 정하고 있는 주요 조항들은 잘 숙지하고 있어야 한다. 이하에서는 상임법의 주요 조항에 대해 간략히 설명하겠다.

상임법의 적용범위

상가건물 임대차보호법

제2조(적용 범위) ① 이 법은 상가건물(제3조제1항에 따른 사업자등록의 대상이 되는 건물을 말한다)의 임대차(임대차 목적물의 주된 부분을 영업용으로 사용하는 경우를 포함한다)에 대하여 적용한다. 다만, 제14조의2에 따른 상가건물임대차위원회의 심의를 거쳐 대통령령으로 정하는 보증금액을 초과하는 임대차에 대하여는 그러하지 아니하다.〈개정 2020. 7. 31.〉

② 제1항 단서에 따른 보증금액을 정할 때에는 해당 지역의 경제 여건 및 임대차 목적물의 규모 등을 고려하여 지역별로 구분하여 규정하되, 보증금 외에 차임이 있는 경우에는 그 차임액에 「은행법」에 따른 은행의 대출금리 등을 고려하여 대통령령으로 정하는 비율을 곱하여 환산한 금액을 포함하여야 한다.〈개정 2010. 5. 17.〉

③ 제1항 단서에도 불구하고 제3조, 제10조 제1항, 제2항, 제3항 본문, 제10조의 2부터 제10조의 9까지의 규정, 제11조의 2 및 제19조는 제1항 단서에 따른 보증금액을 초과하는 임대차에 대하여도 적용한다.〈신설 2013. 8. 13., 2015. 5. 13., 2020. 9. 29., 2022. 1. 4.〉
[전문개정 2009. 1. 30.]

제15조(강행규정) 이 법의 규정에 위반된 약정으로서 임차인에게 불리한 것은 효력이 없다.
[전문개정 2009. 1. 30.]

위에서 언급한 사업자등록의 대상이 되는 임대차에 적용한다(실제 사업자등록이 이루어져야 대상이 되는 것은 아니고 대상이 될 수 있는, 즉 영업을 하는 임대차면 적용 대상이다). 기본적으로 상임법은 영세한 임차인을 보호하기 위해 만들어진 법률이다. 이에 따라 모든 임대차에 해당하는 것은 아니고 특정 기준보증금(환산보증금 기준) 이하의 임대차에 대해서만 적용한다. 환산보증금은 월차임에 100을 곱한 금액과 보증금을 합한 금액을 말한다. 즉, 월차임이 100만 원이고 보증금이 5억 원이라면 환산보증금은 6억 원이다 (100만 원 × 100 + 5억 원= 6억 원).

다만 제 2조 제3항에서 알 수 있듯이 일부 조항(제 3조 등)에 대해서는 기준을 넘는 임대차 계약에도 해당이 된다. 이하에서 상임법의 적용 대상이 아니라고 언급이 되더라도, 해당 조항들은 적용되니 이에 주의한다. 또한 리테일, 즉 상업시설만 해당하는 것이 아니라 업무시설과 물류창고도 상임법에 해당할 수 있다. 마지막으로 한 가지 더, 상임법의 적용은 건물 임대차에만 국한되며, 토지 임대차는 제외된다.

상가건물 임대차보호법 시행령

제2조(적용범위) ① 「상가건물 임대차보호법」(이하 "법"이라 한다) 제2조 1항 단서에서 "대통령령으로 정하는 보증금액"이란 다음 각 호의 구분에 의한 금액을 말한다.〈개정 2008. 8. 21., 2010. 7. 21., 2013. 12. 30., 2018. 1. 26., 2019. 4. 2.〉

1. 서울특별시: 9억 원
2. 「수도권정비계획법」에 따른 과밀억제권역(서울특별시는 제외) 및 부산광역시: 6억9천만 원
3. 광역시(「수도권정비계획법」에 따른 과밀억제권역에 포함된 지역과 군지역, 부산광역시는 제외한다), 세종특별자치시, 파주시, 화성시, 안산시, 용인시, 김포시 및 광주시: 5억4천만 원
4. 그 밖의 지역 : 3억7천만 원

실비관리비와 수도광열비는 환산보증금 계산에 포함되는지 여부 : 환산보증금의 기준이 되는 차임은 건물의 사용 대가를 말한다. 수도광열비는 건물의 관리 또는 실제 사용한 유틸리티(전기, 가스)에 대한 비용으로 실비에 가깝다. 이에 환산보증금 산정 시에는 제외한다.

〈상임법의 주요 조항과 효과〉

계약 갱신 청구권

임대인은 임차인이 임대차 기간 만료 전 6개월~1개월 전 사이에 계약 갱신을 요구할 때, 아래의 사유 외에는 거절하지 못한다. 또한 계약 갱신 요구권은 최대 10년까지 인정된다. 즉, 임대인은 최초 임대차계약 시작일로부터 10년간 마음대로 임차인에게 해지를 통보할 수 없다. 적용범위 부분에서 언급했듯이 제 10조 1항은 환산보증금 범위를 따지지 않고 적용되는 조항이다. 따라서 건물을 재건축/재개발을 할 때 이 기간이 많이 남아 있는 임차인이 있다면 명도를 못해 개발이 지체될 수도 있다. 개발 사업을 할 때는 이러한 부분을 꼭 확인해야 한다. 하지만 임차인은 제 10조 5항에 따라 언제든지 임대인에게 계약 해지의 통보를 할 수 있다(해지통보 후 3개월 후부터 효력이 발생한다).

다만 계약 갱신 청구권에 의해 임대차계약이 갱신되더라도 상임법 제 11조가 허용하는 범위 내에서의 임대차 조건 증감은 가능하다(즉, 반드시 같은 조건으로 갱신이 되어야 하는 것은 아니다). 제11조 및 시행령에서 허용하고 있는 증가의 상한은 5%이므로, 이 범위 안에서는 임대인이 자유롭게 조건을 변경할 수 있다.

계약 갱신을 거절할 수 있는 사유도 잘 확인하자(상임법 제10조 1항 각호).

상가건물 임대차보호법

제3조(대항력 등) ① 임대차는 그 등기가 없는 경우에도 임차인이 건물의 인도와 「부가가치세법」 제8조, 「소득세법」 제168조 또는 「법인세법」 제111조에 따른 사업자등록을 신청하면 그 다음 날부터 제3자에 대하여 효력이 생긴다. 〈개정 2013. 6. 7.〉

② 임차건물의 양수인(그 밖에 임대할 권리를 승계한 자를 포함한다)은 임대인의 지위를 승계한 것으로 본다.

③ 이 법에 따라 임대차의 목적이 된 건물이 매매 또는 경매의 목적물이 된 경우에는 「민법」 제575조제1항·제3항 및 제578조를 준용한다.

④ 제3항의 경우에는 「민법」 제536조를 준용한다.

제10조의4(권리금 회수기회 보호 등) ① 임대인은 임대차기간이 끝나기 6개월 전부터 임대차 종료 시까지 다음 각 호의 어느 하나에 해당하는 행위를 함으로써 권리금 계약에 따라 임차인이 주선한 신규 임차인이 되려는 자로부터 권리금을 지급받는 것을 방해하여서는 아니 된다. 다만, 제10조 제1항 각 호의 어느 하나에 해당하는 사유가 있는 경우에는 그러하지 아니하다. 〈개정 2018. 10. 16.〉

1. 임차인이 주선한 신규 임차인이 되려는 자에게 권리금을 요구하거나 임차인이 주선한 신규 임차인이 되려는 자로부터 권리금을 수수하는 행위

2. 임차인이 주선한 신규 임차인이 되려는 자로 하여금 임차인에게 권리금을 지급하지 못하게 하는 행위

3. 임차인이 주선한 신규 임차인이 되려는 자에게 상가건물에 관한 조세, 공과금, 주변 상가건물의 차임 및 보증금, 그 밖의 부담에 따른 금액에 비추어 현저히 고액의 차임과 보증금을 요구하는 행위

4. 그 밖에 정당한 사유 없이 임대인이 임차인이 주선한 신규 임차인이 되려는 자와 임대차계약의 체결을 거절하는 행위

② 다음 각 호의 어느 하나에 해당하는 경우에는 제1항제4호의 정당한 사유가 있는 것으로 본다.

　　1. 임차인이 주선한 신규 임차인이 되려는 자가 보증금 또는 차임을 지급할 자력이 없는 경우

　　2. 임차인이 주선한 신규 임차인이 되려는 자가 임차인으로서의 의무를 위반할 우려가 있거나 그 밖에 임대차를 유지하기 어려운 상당한 사유가 있는 경우

　　3. 임대차 목적물인 상가건물을 1년 6개월 이상 영리목적으로 사용하지 아니한 경우

　　4. 임대인이 선택한 신규 임차인이 임차인과 권리금 계약을 체결하고 그 권리금을 지급한 경우

③ 임대인이 제1항을 위반하여 임차인에게 손해를 발생하게 한때에는 그 손해를 배상할 책임이 있다. 이 경우 그 손해배상액은 신규임차인이 임차인에게 지급하기로 한 권리금과 임대차 종료 당시의 권리금 중 낮은 금액을 넘지 못한다.

④ 제3항에 따라 임대인에게 손해배상을 청구할 권리는 임대차가 종료한 날부터 3년 이내에 행사하지 아니하면 시효의 완성으로 소멸한다.

⑤ 임차인은 임대인에게 임차인이 주선한 신규 임차인이 되려는 자의 보증금 및 차임을 지급할 자력 또는 그밖에 임차인으로서의 의무를 이행할 의사 및 능력에 관하여 자신이 알고 있는 정보를 제공하여야 한다.

건물 소유자가 바뀔 경우 최초 임대차계약의 기준은 어떻게 될까? 상임법 제 3조 2항에 따르면 임차건물의 양수인은 임대인의 지위를 승계한 것으로 본다. 중간에 매매 등으로 임대인이 바뀌더라도 임차인은 10년의 갱신청구권은 보장받는다. 그러나 임대인이 바뀐 시점부터 다시 기산하지는 않는다. 예를 들어 9년간 영업했고 그 시점에서 임대인이 바뀌었다면, 9년+신규 10년의 갱신청구권이 보장되는 것이 아니라 최초 임대차계약시점부터 10년까지의 갱신청구권만 보장받는 것이다.

권리금 회수기회의 보호

권리금은 과거에는 법적인 보호를 받지는 못했다. 하지만 15년 상임법 개정을 통해 권리금을 회수하는 것에 대해서 법적으로 보호하게 되었다. 통상적으로 부동산 펀드나 리츠가 운용하는 경우 권리금 관계에 대한 내용을 인정하지 않는다는 내용을 계약서에 넣는 일이 많다. 일체의 권리 관계 등을 인정하지 않는다는 식으로 기재하는데, 앞서 말한 것처럼 임대차 계약서에 이와 같이 정해도 상임법에서 권리금의 존재와 그 회수 기회를 인정하고 있기 때문에 해당 조항의 효력은 없으며, 상가에서는 권리금을 받고 양도하는 일이 많아서 이를 완전히 부정할 수는 없다. 하지만 임대인의 임차인 선택권을 침해한다고 볼 수 있어 기본적으로 권리금 관계는 최대한 만들지 않는 것이 좋다.

제10조4의 1항에 의하면, 이 권리금 회수 기회를 보호해야 하는 기간은 임대차 기간이 끝나기 6개월 전부터 임대차 계약 종료 시까지다. 이 기간 중 임차인이 후속 임차인을 구해오지 못한다면 권리금을 회수할 기회는 사라지는 것으로 봐도 된다.

차임 연체에 따른 해지

상가건물 임대차보호법

제10조의8(차임 연체와 해지) 임차인의 차임 연체액이 3기의 차임액에 달하는 때에는 임대인은 계약을 해지할 수 있다.

[본조신설 2015. 5. 13.]

임대차계약서에서 차임 연체의 정도에 대해 3기 미만(예: 임차인의 차임 연체액이 2기의 차임액에 달하는 경우)으로 정해도 효력이 없다. 상임법에서 3기의 차임액에 달해야 계약을 해지할 수 있다고 규정하기 때문에 무효다. 여기서 3기라 함은, 3기에 달한 기록이 있다고 해서 해지할 수 있다는 뜻은 아니다. 3기의 차임을 연체했던 임차인이 일부 차임을 지불하여 연체액을 감소시키면 임대인은 해지할 권한이 없다고 본다.

(7) 건물운용 전략

밸류애드Value-Add 전략

밸류애드는 기존의 건물을 매입한 후 리노베이션 등을 통해 건물의 가치를 높이는 것을 의미한다. 일명 코어Core라고 불리우는 매입 후 장기보유 하는 전략보다 리스크도 높지만 그만큼 추구하는 수익률도 높다. 밸류애드 전략에서 가장 많이 사용하는 방법이 증축, 리노베이션Renovation과 용도변경, 그리고 유휴 공간 활용이다. 리노베이션은 건물의 노후화된 부분, 또는 개선의 여지가 있는 부분에 대한 공사를 통해 건물의 물리적 개선을 추구하는 것이다. 용적률, 건폐율 등의 여유가 있어 수직 또는 수평 증축이 가능한 경우 증축을 통해 연면적을 끌어올려 수입을 증가시키기도 한다. 최근에는 지방행정공제회가 중소형 오피스를 중심으로 밸류애드 전략을 구사하는 블라인드펀드를 구성하기도 했다.

중소형 오피스의 경우 대형 오피스 대비 관리 등에서 미흡한 부분이 있어 밸류애드의 기회가 더 많이 존재한다. 유휴공간의 활용도 밸류애드 전략의 하나다. 스위트스폿이 이러한 전략의 좋은 파트너가 되어주고 있다. 다만 유휴공간 활용만으로는 건물의 가치를 크게 바꾸기는 다소 힘들어 추가적인 수입을 창출하는 방법 중 하나로 생각하는 것이 좋다. 이러한 유휴공간은 대부분 건물의 공용부에서 이루어지는데, 사실 공용부분도 임차인들이 사용하는 공간이지 임대인이 마음대로 사용하고, 임대차 계약을 체결할 수 있는 공간은 아니다. 그러나 현실적인 임대인과 임차인의 관계, 그리고 임차인에게 명확한 손해가 발생했는지, 그 가액을 산정하기 어렵기에 임차인들도 별다른 이의제기를 하지 않는 편이다.

이 전략의 대표적인 사례로는 여의도의 오투타워와 시티플라자를 들 수 있다. 여의도 오투타워(구 HP타워)는 여의도역 인근에 위치한 빌딩이다(예전 이름은 HP타워다). 이지스자산운용이 2018년, CBRE GI로부터 평당 약 1,600만 원대에 인수했다. 당시 HP타워 및 여의도 오피스에는 공실이 있고 파크원 증축 등으로 저층부 오피스를 채우기는 힘들었다. 이에 이지스자산운용 측은 약 200억 원을 들여 수평 증축을 진행하고, 저층부(2~3층) 오피스를 리테일로 변경했다. 또한 오피스 부분에는 앵커 테넌트로 위워크를 유치했다. 이러한 과정을 거쳐 지난 2021년, 평당 2,470만 원에 매각했다.

씨티플라자는 1993년 준공된 건물로, 2016년 지상2층 및 3층을 리테일로 변경했다. 바닥면적이 작고, 건물이 다소 노후화되어 저층부를 업무시설로 임대하기는 힘들었을 것이다. 특히 여의도 권역은 업무권역 중에서도 점심시간에 사람이 붐빈다. 점심 장사는 확실한 상권이다. 반대로 주말에는 썰렁했지만, 최근에는 더현대 및 IFC몰의 개장으로 주말에도 유동인구가 유입되고 있다.

용도변경

리테일은 1층에 가까울수록 임대료가 높다. 반대로 오피스는 높이 있을수록 임대료가 높다. 약 5년 전만 하더라도 서울 시내에 오피스 건물 꼭대기에 탑클라우드, 파로그랜드와 같은 고급 레스토랑이 위치해 있었다. 그러나 최근에는 최상층에 위치한 고급 레스토랑을 찾아보기 힘들다. 복합적인 이유가 있겠지만, 오피스(업무시설)의 임대료가 많이 상승하면서 고층부에 리테일(근린생활시설)을 두기보다 오피스로 전환하여 임대하는 것이 더 이득이라고 임대인들이 판단했기 때문이다. 이로 인해 오피스가 리테일로, 리테일이 오피스로 용도변경이 되는 사례가 더 자주 보이고 있다.

부동산 자산의 운용

PLUS PAGE / 건축물의 용도변경

건축물의 용도는 「건축법」에서 정하고 있다(9개의 시설군, 28개의 용도군). 현재 용도가 속하는 시설군에서 상위의 시설군으로 변경하려면 허가를 받아야 한다. 그 반대의 경우는 신고만 하면 된다. 예를 들어 업무시설을 제2종 근린생활시설로 변경하고 싶다면, 신고만 하면 된다.

근린생활시설이란 주민들의 생활 편의를 도울 수 있는 시설을 말한다. 이 근린생활시설도 제1종과 제2종으로 구분된다. 사람이 생활하는데 필수적인 것들은 제 1종 근린생활시설로 분류된다(슈퍼마켓, 동사무소, 의원, 미용실 등). 생활에 필수라고 할 수는 없지만 주민들의 편의와 유흥 등을 위해 필요한 것은 제 2종 근린생활시설이다(일반음식점, 휴게음식점, 사진관, 노래연습장, 단란주점 등).

밸류애드Value-Add 전략의 한계

리노베이션을 통해 건물의 환경을 개선하는 것이 재건축 등보다 당장의 비용적인 측면에서 저렴할 수 있지만, 리노베이션 만으로는 물리적 개선에 뚜렷한 한계가 있다. 건물은 감가상각이 되는 자산이기 때문에 각종 설비에 내용연수가 존재한다. 엘리베이터 등을 교체한 경우에도 기존 설비와의 호환성 문제로 승강기가 운행이 중단이 되거나, 구조물 자체의 노후화 등으로 강수량이 많을 경우 누수가 발생하는 일이 있다. 이러한 것들은 리노베이션 만으로는 개선하기 힘들다. 또한 리노베이션의 과정에서 기존 임차인들과 마찰이 발생하는 상황도 많다. 리노베이션 공사가 하루 이틀 만에 끝날 수 있는 것이 아니기 때문에, 직접적인 공사비 이외에도 공사로 피해를 입을 수 있는 임차인들에게 보상해야 하는 비용도 간접비로 계산해야 할 수 있다.

(8)임대차계약의 종료

되도록 계약기간 종료 6개월 전에는 임차인이 임대차계약 연장 여부에 대해 확정하도록 임대차계약서를 작성하는 것이 좋다. 임대차계약의 종료는 종료일까지 임대차 목적물을 점유하고 있겠다는 뜻이다. 즉, 이 날까지 원상복구 작업을 마치고 임대인의 검수를 완료한 상태가 되어야 한다.

일반적인 오피스를 한 층을 전부 사용할 때 원상복구 작업은 약 2개월 정도가 걸린다고 보면 된다(리테일의 경우 1개월). 전 임차인의 인테리어를 후속 임차인이 승계하는 일도 종종 있으나, 이때 후속 임차인의 임대차계약 종료 시 후속 임차인이 어디까지 원상복구 의무를 부담할 것인지 명확히 해야 한다. 임대차계약 체결 단계에서 후속 임차인에게 원상복구를 부담시켜놓지 않으면, 원상복구 책임의 부담 주체가 애매해질 수 있다.

PLUS PAGE **임대차계약의 양수도**

임대차계약을 임차인이 새로운 임차인에게 양도하는 것도 가능하다. 특히 리테일에서 임대차 계약의 양수도가 활발히 일어나는 편이다. 양수도 계약에서는 양수인, 즉 신규 임차인이 될 임차인이 우량한지의 여부를 파악하는 것이 가장 중요하다. 법인이라면 최소 과거 3개년의 재무제표를 확인해야 한다. 개인일 경우 예금잔고 증명, 국세 및 지방세 완납증명서, 개인 신용보고서 등 신용을 충분히 증명해낼 수 있는 자료를 제출한다.

영업비용

A. PM 및 FM비용

AM(자산운용사 등)이 현장에 상주할 수 없기 때문에, 이를 대신해 자산을 관리해 줄 수 있는 PM 사에게 비용을 주고 자산관리를 위탁한다. 펀드의 만기일과 자산관리계약의 종료일을 일치시키는 경우가 많다. 하지만 부동산 펀드는 통상 만기가 5년이며 길면 10년까지 일 때도 있다. 따라서 2~3년 정도로 최초 계약기간을 설정하고, '양 당사자가 만기 수개월 전 통지하지 않을 때 동일한 조건으로 연장한다'와 같은 자동연장 조항을 두기도 한다.

FM 계약은 AM 사가 직접 체결하는 것이 아니라 PM 사가 FM 사와 체결하는 것이 일반적이다. 그러나 AM이 FM 선정과 관련된 의견 개진을 하지 않는 것은 아니다. FM의 인력조직이 AM, PM 보다 많으며 실제 건물의 미화, 보안 등은 FM 인력이 담당하므로 FM 사가 건물의 질에 미치는 영향이 상당히 크다. FM 비용으로 지출되는 비용이 적지 않을뿐더러 FM 사의 역량이 운용비용 및 건물의 수준에 상당한 영향을 미치므로, FM 사 선정 과정뿐만 아니라 FM 사가 선정 이후에도 적절히 업무를 수행하고 있는지 항상 잘 살펴 봐야 한다. 최근에는 중대재해처벌법 등의 도입으로 FM 계약서와 업무범위에 중대재해처벌법 및 안전관리에 대한 내용을 넣는 것이 필수적이 되었다.

B. 수선유지비

건물을 통으로 소유하는 일도 있지만 아파트와 오피스텔, 지식산업센터와 같이 개별 분양되어 구분 소유하는 경우도 있다. 오피스 건물 등도 마찬가지로 구분 소유할 수 있다. 도시정비 사업과 같은 사업으로 건물이 신축되었을 때, 기존 토지주가 신축 건물의 일부 호실(대개 상업시설을 분양받음)을 소유하고 있는 일도 종종 생긴다.

건물을 나누는 방법에는 크게 두 가지다. 건물의 지분을 나눠서 소유할 수도 있고, 아예 아파트처럼 공간을 구분해서 등기하는 일이 있다. 예를 들어 같은 건물의 1층은 A의 명의로, 2~4층은 명의로 등기를 할 수 있다. 지분을 나누어서 소유할 때는 그 지분비율대로 수익과 비용을 나누면 된다. 아파트의 공동명의와 비슷하다고 보면 된다. 구분소유가 될 경우 관리가 다소 복잡해지는데, 이럴 때 공용부분의 관리를 위해 관리단을 구성하는 것이 일반적이다. 아파트나 오피스텔에 관리사무소가 있듯이, 구분소유 건물에도 관리사무소와 같은 조직이 만들어지는 것이다. 수선유지비에는 정말 많은 항목이 있어서 일일이 열거하는 것이 불가능하다. 따라서 주요한 항목들을 위주로만 간략히 설명하겠다.

- **유지관리계약:** 건물을 운영하다 보면 외부 전문 업체를 통한 유지관리계약이 필요한 때가 많다. PM 및 FM 인력으로는 자체 해결할 수 있는 업무가 있지만, 대부분 기본적인 것들이고 시설과 관련한 수리 및 유지관리는 외부 전문 업체를 고용한다. 여기에 들어가는 비용을 아까워하지 말아야 한다(비용을 아끼려다 더 큰 화를 부르는 일이 많다). 다만 건물의 규모마다, 특성마다 필요한 계약의 형태와 규모가 다르다. 여기서는 대형 오피스를 기준으로, 대표적인 유지관리 계약들에 어떤 것들이 있는지 간략히 소개하겠다.

① **승강기 유지관리계약**: 승강기는 건축물이나 고정된 시설물에 설치되어 일정한 경로에 따라 사람이나 화물을 승강장으로 옮기는 설비를 말한다.[4] 여기서 말하는 승강기는 우리가 알고 있는 엘리베이터뿐만 아니라 에스컬레이터, 휠체어 리프트를 포함한다. 승강기는 건물 이용을 편리하게 만들어주는 시설이지만, 그 관리가 매우 까다롭다. 또한 안전사고가 발생할 경우 대형 사고로 이어질 수 있다. 따라서 승강기 설치

4 승강기법 제 2조(정의)

이후에도 유지관리 계약을 통해 승강기를 지속적으로 점검 및 관리해 줘야 한다.

프라임 오피스에서는 대부분 오티스, 현대엘리베이터 등 대형 회사의 승강기를 사용한다. 또한 제조사가 해당 승강기에 대해 가장 잘 알기 때문에 승강기 유지관리계약은 대부분 건물에 설치된 승강기의 제조회사와 맺게 된다.

승강기 유지 관리 계약은 크게 두 가지 형태로 나눌 수 있다. 첫 번째는 POG(Parts, Oil & Grease) 계약이다. POG 계약은 단순 유지보수계약이다. POG 계약을 체결할 경우 용역회사가 정기점검을 나오고 고장이 날 때 부품을 주문해 수리한다. 이 방식으로도 수리가 가능하긴 하지만 그 처리 속도가 느리다. 다만 월 유지 보수료가 저렴한 것이 장점이다.

두 번째는 FM(Full Maintenance) 계약이다. 종합 유지 관리 계약이라고 보면 된다. POG 계약의 업무범위와 함께 부품 및 수리, 정기검사까지 모두 포함된 계약이다. 승강기가 설치된 지 얼마 되지 않아 고장이 적을 경우 POG 계약의 형태로도 운영이 가능할 수 있다. 그러나 승강기가 오래될 때 POG 계약보다 FM계약이 더 저렴할 수 있다. 승강기 주요 부품들의 연한은 대략 10~15년 정도다. 건물의 준공 이후 연한이 10~15년 정도에 가까워졌을 경우에는 부품을 별도 비용으로 교체해야하는 POG 계약보다 FM 계약을 이용하는 것을 검토해야 한다.

승강기 유지관리의 핵심은 고장이 났을 경우 얼마나 신속히 보수 인력이 파견되느냐이다. 승강기 사고가 자주 발생하는 편은 아니지만, 발생할 경우 건물의 이미지에 매우 좋지 않은 영향을 미친다. 이에 따라 유지 보수 용역계약 체결 시 숙련된 유지 보수 인력이 적시에 파견될 수 있도록 계약서 문구를 작성해야 한다.

승강기 유지관리계약과 별개로 승강기, 특히 엘리베이터(로프식 - 오피스 빌딩 등에 있는 엘리베이터는 대부분 로프식이다, 유압식은 고층 건물에서 사용하기 어려움)의 경우 엘리베이터 기계실을 별도로 두는 것이 일반적이다. 이 기계실의 온도관리도 신경 써야 한다. 기계실의 냉방이 충분히 되지 않을 경우 기계설비가 고장이 나서 큰 위험을 초래할 수 있다. 에어컨이 노후되지 않았는지, 고장난 에어컨은 없는지 주기적으로 확인하고 필요하다면 빠르게 에어컨을 교체해야 한다.

② **쓰레기 처리 유지관리계약:** 건물 내에서 일해 본 경험이 있거나 현재 일하고 있다면, 본인이 쓰레기를 지금 어떻게 버리고 있는지 생각해 보자. 아마 본인 자리나 공용복도에 쓰레기통이 있고, 저녁시간이나 새벽시간 대에 청소인력이 해당 쓰레기통을 비워지는 식으로 처리가 될 것이다. 본인이 분리수거를 따로 한 적이 있는지를 생각해보라. 아마도 없을 것이다. 가정에서는 그렇게 분리수거를 강조하며 매번 분리수거를 하는데 오피스에서는 왜 하지 않을까?

이를 대행하고 있는 업체가 따로 있기 때문이다. 건물의 미화업체는 쓰레기를 수거하여 지하층에 마련된 쓰레기 집하장에 배출하고, 쓰레기 처리 용역업체가 이를 수거해 분리해주면서 용역비를 받아간다.

③ **리테일 배기 덕트, 배수관 관리계약:** 건물의 배기 덕트와 배수관은 전체가 임대인의 것이 아니다. 전용부와 공용부가 있듯이 임대차계약을 체결하면 임차인 전용부에 위치한 배기덕트와 배수관은 임차인이 관리한다. 덕트와 배수관을 잘 관리하지 않으면 덕트의 기름때 등으로 화재가 발생할 수 있으며, 관리되지 않은 배수관은 역류해서 다른 임차인과 공용부에 피해를 줄 수 있다. 따라서 공용 배기 덕트와 배수관을 매년 일정한 시기에 전문 업체를 통해 관리받는 작업을 진행해 주어야 한다. 이때, 임차인들도 같이 참여하여 전용부에 위치한 덕트 및 배수관도 관리될 수 있도록 유지하자(물론, 이 전용부 청소에 대한 비용은 임차인 부담이다).

비용 문제로 임차인들이 참여를 꺼릴 수 있다. 하지만 공용부와 같이 청소하는 것이 별도로 하는 것보다 비용이 저렴하고 화재와 같은 대형 사고를 사전에 막는 작업이라는 것을 주지시키자. 다만 프랜차이즈 매장은 프랜차이즈 본사에서 주기적으로 관리하거나, 프랜차이즈 업체가 계약한 업체가 관리를 진행한다. 이런 업체들은 굳이 참여시키지 않아도 된다.

- **법정검사**: 건물을 운영하다 보면 정기적으로 반드시 받아야 하는 검사들이 있다. 대형 오피스 건물을 기준으로 정기적 점검이 필요한 몇 가지 항목들을 소개하겠다.

① **건축물 정기 안전점검**: 「시설물의 안전 및 유지관리에 관한 특별법」 및 동법 시행령에 따라, 제1종 시설물(21층 이상 또는 연면적 50,000m 이상인 건축물) 및 제2종 시설물(16층 이상 또는 연면적 30,000m 이상인 건축물)은 정기 안전 점검을 받아야 한다. 점검 대상 항목 및 보고 대상 등도 모두 관련 법령이 규정하고 있다. 대형 오피스 빌딩도 연간 점검 비용이 몇 백만 원 수준으로 크지 않으나, 안전점검을 실시하지 않을 경우 1천만 원 이하의 과태료가 부과될 수 있다.

② **기타 점검**: 수변전설비 진단(1년/1회), 전기설비 정기검사(3년/1회), 소방설비 종합점검(1년/2회) 등은 정기적으로 받아야 한다.

유지 보수 계약은 계약 만료 전 재계약 검토 등을 통해 계약의 끊김이 없도록 해야 한다. 법정검사 역시 PM사, FM사가 일정관리를 하나 사람이 하는 일이므로 실수가 있을 수 있다. 법정검사를 이행하지 않으면 과태료가 부과될 수 있으니 일정관리를 철저히 해야 한다.

C. 재산종합보험/승강기 보험

재산종합보험은 부동산 등을 운용하다 보면 노출될 수 있는 각종 위험

- 화재, 기업휴지, 배상 책임 등 - 에 대비할 수 있는 보험을 하나로 통합한 보험이다. 재산종합보험은 보장하고 있는 위험에 따라 총 네 가지의 섹션으로 나뉜다.

① **재산종합위험(Property All Risks) 담보**: 건물에 발생한 화재 등으로 입은 손해를 보상하는 보험이다. 부동산은 건물의 재조달가액 기준으로 보험료가 산정된다.

② **기계위험(Machinery Breakdown Risks) 담보**: 기계장치의 고장, 파손 등을 보상하는 보험이다. 기계 장치의 가액을 기준으로 보험료가 산정된다.

③ **기업휴지위험(Business Interruption Risks) 담보**: 건물의 운용이 중단되어 이익 창출을 못할 위험을 보상하는 보험이다. 건물의 총 수입 기준으로 보험료를 산정한다.

④ **배상책임위험(General Liability Risks) 담보**: 건물 운용 중 제3자에게 발생한 사고를 보상하는 보험이다. 예를 들어 에스컬레이터가 갑자기 멈추어 사람이 다치는 경우 등 건물 내에서 일어나는 사고에 대해 배상하는 보험이다.

재산종합보험을 가입하지 않는 것은 자동차 보험을 가입하지 않고 운전을 하는 것과 같다. 사고가 나지 않으면 보험료를 아끼는 것이 되지만, 만에 하나 화재 등의 예기치 못한 사고가 났을 때 최악의 상황에 이를 수 있다. 특히 간접투자기구의 운용에 있어서는 이러한 위험에 무방비로 노출되면 안 되기 때문에 반드시 재산종합보험에 가입하는 것이 좋다.

다만, 모두가 똑같은 요율을 받는 것은 아니다. 같은 재산종합보험이라도 배상의 한도(자동차 보험 대물 한도가 각자 다르듯이)가 조금씩 다르다. 자신이 운용하는 건물에 적절한 한도인지를 파악하고 줄일 수 있는 것은 줄이고, 부족하다면 그 배상 한도를 늘려야 한다. 재산종합위험이나 기계위험은 재조달가액 등의 기준이 있다. 기업휴지 위험도 위에서 언급한 간접투자기구 등의 예산 및 작년 실적 등으로 예상이 가능하고, 그 수치에 맞추어 계약을 하면 된다. 배상책임위험이 다소 판단이 필요한 부분이다.

또한 최근에는 승강기 안전관리법의 개정으로 승강기 사고배상책임 보험의 가입이 의무화되었다. 이에 따라 재산종합보험과 함께 승강기 보험도 매년 갱신한다. 승강기사고배상책임보험의 경우 보험 개발원에서 매년 발표하는 승강기보험의 가이드라인 요율 조정으로 매년 보험료가 변한다(전년대비 감소하는 경우도 있을 수 있다).

D. 제세공과금

• **재산세(토지분, 건축물분)**: 재산세는 지방세의 한 세목으로 재산을 보유하고 있는 것에 대해 매기는 세금이다. 특별한 상황이 아닌 이상 부동산을 소유하고 있다는 것은 토지와 함께 건물을 가지고 있다는 것이기에 토지분과 건물분에 대해 각각 부담이 생긴다(건물분은 7월, 토지분은 9월). 신탁형 최근에는 지방세법 개정(2021.7.8. 시행)으로 신탁형 집합투자기구의 납부의무자가 변경되었다. 기존에는 신탁업자인 은행 등의 명의로 고지서가 발급되었는데, 법 개정 이후에는 집합투자업자(위탁자)의 명의로 납부를 진행해야 한다.

• **토지분 종합부동산세**: 원래 토지분 재산세는 단일 세율로 분리과세되며, 토지분 종합부동산세는 비과세 대상이었다. 하지만 2020년 지

방세법 시행령이 개정되면서, 사모펀드/리츠에 대한 재산세 분리 과세가 및 토지분 종합부동산세 비과세가 폐지되었다(주거용이 아닌 일반 건축물은 종부세 과세 대상이 아니다. 토지만 종합부동산세 대상이 된다).

- **도로점용료**: 도로법에 의해 도로점용에 대한 허가를 받을 경우 도로 점용료를 납부하게 된다.

- **교통유발부담금**: 교통 혼잡을 유발하게 되는 시설물에 대해 부과된다. 매해 각 층 바닥면적을 합한 면적이 1,000㎡ 이상인 시설물이 부과대상이다. 시설물의 용도에 따라 유발 계수가 다르게 책정된다.

- **부가세 신고 및 납부**: 부가가치세는 재화의 거래나 서비스(용역)의 제공 과정에서 얻어지는 부가가치(이윤)에 대해 과세하는 세금이다. 간접투자기구도 부동산 임대, 부동산매매업 등 부가가치를 창출하는 사업을 하기 때문에 부가가치세의 과세 대상이다. 부가가치세는 6개월을 과세기간으로 하며, 각 과세기간을 3개월로 나누어 예정신고 기간이 있다. 간접투자기구는 법인 사업자이므로 1년에 4회 신고 대상이다. 과세기간은 매년 1기(1.1~6.30) / 2기(7.1~12.31)로 나뉘며, 예정신고 기간을 긱각 3개월 단위로 나누고 그 익월 25일까지 신고납부해야한다. 이를 표로 정리하면 다음 페이지와 같다.

부가가치세 및 법인세 신고를 직접 하지는 않는다. 통상 세무대리인을 선정해서 신고를 진행한다.

과세 기간	과세 대상 기간	신고납부 기간※
제1기 (1.1~6.30)	예정신고(1.1~3.31)	4.1~4.25
	확정신고(4.1~6.30)	7.1~7.25
제2기 (7.1~12.31)	예정신고(7.1~9.30)	10.1~10.25
	확정신고(10.1~12.31)	다음 해 1.1~1.25

※법인사업자 기준

- **법인세**: 법인세는 법인격이 있는 경우에만 납부한다. 따라서 회사형 집합투자기구, 부동산투자회사, 그리고 일반 회사 등이 법인세 납부의 대상이다. 법인격이 없는 신탁형 집합투자기구는 법인세 납부의 대상이 아니다.

수익자 및 대주 관리

A. 수익자 관리(이익 분배)

- **분배의 정의**: 일반적으로 알고 있는 집합투자기구(신탁형)가 이익금을 지급하는 것은 분배Distribution라고 한다. 분배가 조금 더 큰 개념이고, 주권 등을 가지고 있는 것에 대한 반대급부로 금전 등을 지급하는 것은 배당Dividend이라고 한다. 집합투자기구의 투자자는 결국 이 분배를 얼마나 받았느냐를 가지고 수익률을 계산하게 된다. 분배에는

운용 과정에서 생긴 이익을 분배하는 운용 분배와, 매각을 통해 생긴 차익을 분배하는 매각 분배가 있다. 이익 분배를 규정하고 있는 자본시장법 조항(자본시장법 제242조)을 살펴보자.

자본시장법

제242조(이익금의 분배) ① 투자신탁이나 투자익명조합의 집합투자업자 또는 투자회사 등은 집합투자기구의 집합투자재산 운용에 따라 발생한 이익금을 투자자에게 금전 또는 새로 발행하는 집합투자증권으로 분배하여야 한다. 다만, 집합투자기구의 특성을 고려하여 대통령령으로 정하는 집합투자기구의 경우에는 집합투자규약이 정하는 바에 따라 이익금의 분배를 집합투자기구에 유보할 수 있다.

② 투자신탁이나 투자익명조합의 집합투자업자 또는 투자회사 등은 집합투자기구의 특성에 따라 이익금을 초과하여 분배할 필요가 있는 때에는 이익금을 초과하여 금전으로 분배할 수 있다. 다만, 투자회사의 때에는 순자산액에서 최저순자산액을 뺀 금액을 초과하여 분배할 수 없다.

③ 제1항에 따른 이익금의 분배 및 제2항에 따른 이익금을 초과하는 금전의 분배에 관하여 필요한 사항은 대통령령으로 정한다. 〈개정 2009. 2. 3.〉

• **분배의 원칙**: 분배는 금전 또는 새로 발행하는 집합투자증권으로 할 수 있다. 원칙적으로 집합투자기구는 이익의 유보를 할 수 없지만, 재평가 이익 등 이익의 유보를 예외적으로 인정하는 일이 있다.

• **초과분배**: 법 제242조 2항에 따라, 이익금을 초과하는 분배도 가능하다. 사실 초과분배는 기존에 납입된 원본액의 일부를 미리 주는 것이다. 그러나 개발형 사업에 투자하는 등 초기 상당 기간 중 이익보다 비용이 많아도 분배해야 하는 경우가 있다. 이러한 때에는 이익을 초과하여 분배하는 초과 분배가 가능하다.

- **분배금 산정**: 집합투자기구는 원칙적으로 운영 과정에서 발생한 이익을 따로 유보할 수 없다. 이익분배금을 계산하는 방법은 간단하다. 이전 기준일과 현 기준일의 순자산의 차이만큼 분배하면 된다. 단, 집합투자재산의 평가이익만큼은 유보할 수 있으므로 평가이익은 제외한다.

이익분배금 계산의 예시

예시)
- 회계기간: 매년 6월, 12월 말
- 분배기준일: 매 회계기간 말
- 2022년 6월 말 기준 순자산: 120억 원(자산 평가이익: 20억 원)
- 2022년 12월 말(현재) 기준 순자산: 123억 원(자산 평가이익: 20억 원)

자산의 평가이익을 먼저 제한다.
- 2022년 6월 말 평가이익 제외 순자산: 100억 원
- 2022년 12월 말(현재) 평가이익 제외 순자산: 103억 원

전기 말과 현재의 순자산 금액 차이 = 103억 원 - 100억 원

따라서 당기에 분배 가능 이익은 3억 원이다.

- **분배율의 계산**: 특별한 언급이 없는 이상, 수익률, 분배율, 이자율 같은 수치들은 모두 연간이 기준이다. 대출이자율 역시 연간이 기준이고, 분배율 역시 연 환산을 해주어야 한다. 여기서는 간단하게 예제로 설명하겠다.

분배율 계산의 예시

예시)
- 회계기간: 매년 6월, 12월 말
- 분배 기준일: 매 회계기간 말
- 원본액: 100억 원
- 1기: 2022년 1월 1일~6월 30일(181일)
- 1기 분배금: 3억 원

분배율 = 3억/100억 × 365일/181일 = 6.05%

3억 원이라는 분배 성과는 365일 중 181일간의 성과이므로 이를 연율화 한 것이다. 윤년인 경우 정확히 계산하려면 365일이 아닌 366일로 환산해 주어야 한다. 통상 상반기와 하반기 일수는 각각 181일, 184일이다. 하지만 간단히 계산하라면 굳이 일수 단위로 환산할 필요 없이, 어림셈을 해도 된다. 예를 들어, 위와 같은 케이스에서 3/100 × 2 = 6%와 같이 해도 된다는 뜻이다.

B. 대주(대출기관) 관리

- **대출약정서의 용어**: 대출약정서를 처음 접할 경우 용어가 낯설 수 있다. 대출 관련된 용어에 반드시 빠르게 익숙해져야 한다. 용어는 대부분 대출약정서의 가장 앞 부분에서 약정서에서 앞으로 사용할 용어들에 대한 정의를 한다. 그렇지 않으면 이후 약정서를 읽고 해석하는데 혼란이 생기기 때문이다. 이자율, 이자기간 등 대출과 관련된 모든 중요한 용어를 정의한다. 또한 대출약정서는 사적 계약으로 대출약정서마다 같은 용어라도 정의가 조금씩 다를 수 있다. 그렇기 때문에 이 부분은 건별로 반드시 철저히 확인하고 숙지하여야 한다.

근저당권설정계약서

부동산 담보대출을 실행하는 경우, 대주단(채권자,'근저당권자')가 담보 대상이 되는 부동산(피담보채무)에 대해 근저당권을 설정한다(채무자는 '근저당권설정자'가 된다). 이 근저당권을 설정하기 위해 체결하는 서류가 근저당권설정 계약서다. 근저당권설정 계약서가 있어야 근저당권 설정 등기를 접수할 수 있다(우리가 등기부등본에서 확인할 수 있는 근저당권 금액은, 이러한 근저당권 설정 절차를 거쳐 등기가 된 것이다).

근저당권 설정은 채무자가 돈을 갚지 않을 경우를 대비한 조치다. 채무자가 이자를 연체하는 등 원리금을 제때 상환하지 않으면, (근)저당권을 근거로 담보로 설정한 목적물을 경매에 넘길 수 있다. 대출에 선순위와 후순위가 있을 경우, 선순위 근저당권을 우선 설정하고 그 차순위로 후순위 근저당권이 설정된다. 순위가 빠를수록 우선변제의 권리를 가진다. 담보물의 매각가액이 100억 원이고 선순위, 후순위 근저당권 가액이 각 60억 원이라고 했을 때, 담보물의 매각가액보다 총 채권금액이 더 크므로 이때 후순위 근저당권자는 20억 원에 대해서는 돌려받지 못하게 된다.

이때 또 자주 언급되는 용어가 '기한의 이익 상실'이다. '기한의 이익'은 각종 법률행위에 기한이 붙음으로써 당사자들이 얻는 이익을 말한다. 예를 들어 채권자가 채무자에게 100억 원을 빌려주면, 채무자는 이에 대한 이자를 받을 것이고 채권자는 100억 원을 사용할 수 있다. 이렇게 이자를 주고받고 돈을 빌려주는 행위에서는 채권자와 채무자 쌍방이 각각 '기한의 이익'을 가지게 된다.

채무자가 의무를 불이행하게 되면 이러한 기한의 이익을 상실하게, 즉 기한의 이익을 더 이상 누리지 못하도록 해야 한다. 기한의 이익이 상실되는 경우는 민법 제388조에서 정한 기한의 이익 상실 사유에 해당하거나, 각 당사자들이 정한 사유에 해당하는 상황이다. 이때 각 당사자들이 정한 사유는 당사자들끼리 자율로 정하는 것으로, 각 대출약정서마다 조금씩 다를 수 있으니 건별로 꼭 확인한다.

민법 제388조(기한의 이익의 상실)

채무자는 다음 각호의 경우에는 기한의 이익을 주장하지 못한다.

1. 채무자가 담보를 손상, 감소 또는 멸실하게 한 때
2. 채무자가 담보 제공의 의무를 이행하지 아니한 때

다음은 각 당사자들이 정하는 기한의 이익 상실 사유의 예시다.

제 [ ]조 기한의 이익 상실

제 1항 기한의 이익 상실 사유

다음 각 호의 사유는 기한의 이익 상실 사유를 구성한다.

1. 차주가 본 계약에 따라 지급하여야 하는 금액(대출 원리금)을 해당 지급일에 지급하지 아니한 때
2. 차주가 청산, 회생절차, 파산절차 및 그와 유사한 절차의 개시신청이 있어 차주가 본 계약에서 정하고 있는 의무를 정상적으로 수행할 수 없다고 대주가 판단한 때
3. 차주가 본 계약서에서 진술한 내용이 사실과 다르거나 허위임을 대주가 발견한 때

보험금 청구권 근질권설정계약서

근저당권 설정과 마찬가지로 대주의 채권보전을 위한 조치다. 건물에서 화재 등이 발생했을 때 통상 상업용 부동산은 화재보험을 들어놓으므로 담보물인 건물은 멸실되지만 보험금을 지급받게 된다. 보험금(청구권)에 대해 근질권을 설정하지 않으면, 이렇게 자연재해나 사고 등으로 인해

건물이 멸실될 경우를 대비하지 못한다. 따라서 대출약정을 하며 보험금 청구권에 대해서 근질권 설정 계약을 통해 근질권을 설정해 둔다.

이 계약서가 체결되면(대출약정을 체결하는 날 동시에 관련된 계약서들도 모두 같이 체결된다) 보험계약상 차주의 보험에 대한 수익 및 청구권에 대주(근질권자)가 근질권을 설정하였음을 보험사에 통지한다. 보험사는 이 통지를 받으면 위에서 차주가 요청한 근질권 설정 통지를 승낙한다는 내용의 통지서를 보낸다.

PLUS PAGE　보험금 청구권 근질권 승낙서의 갱신

앞에서 설명한 재산종합보험의 경우 매년 갱신(같은 업체에 대해 갱신할 수도, 새로운 보험 업체를 입찰하여 선정할 수도 있다)하는 것이 일반적이다. 따라서 보험금 청구권 근질권 승낙서도 보험증권이 갱신될 때마다 다시 수령해야 한다.

PLUS PAGE　근질권과 질권의 차이

질권은 가액이 정해진 반면, 근질권은 가액이 정해져있지 않다.

PLUS PAGE　인출선행 서류와 후행 서류

인출선행 서류는 차주가 대출금을 인출하기 위해서 대주에게 제출하여야 하는 것이다. 이 서류가 인출일 전 또는 당일까지 제출되고, 서류에 문제가 없음이 확인되어야 정상적으로 당일에 대출금을 인출할 수 있다. 인출선행 서류는 대부분 차주의 실체와 관련된 서류(예: 등기부등본, 사업자등록증, 국세 및 지방세완납증명서 등)이다. 추가적으로 대출과 관련된 법무법인의 법률의견서(대주가 지정한 법무법인에서 대출과 관련된 담보물 등에 법적인 문제가 없음을 확인하는 내용을 담는다), 감정평가서 등을 인출선행 서류로 제출하기도 한다.

후행 서류는 인출 이후 준비하여야 하는 서류다. 여기서 주의할 점은 인출일 당일에 제출하여야 하는 서류들이 있고, 인출 일로부터 수 영업일 내에 제출해도 되는 서류가 있다는 점이다. 인출선행 서류를 잘 갖추고 인출까지 했어도, 인출후행 서류를 제때 제출하지 못하면 문제가 생길 수 있다. 인출일 당일에는 생각보다 시간이 촉박하기 때문에 인출후행 서류를 놓칠 수도 있다. 반드시 이러한 서류들을 놓치지 않도록 점검한다. 특히, 확정일자를 받아야하는 후행서류가 있을 때 공증사무소가 문을 닫기 전에 처리할 수 있도록 주의한다. 확정일자를 찍어줄 수 있는 공증사무소 등은 대개 18시면 문을 닫기 때문이다.

DSCR의 정의 및 계산

DSCR은 Debt Service Coverage Ratio의 약자로, 부채상환비율이라고도 한다. 금융기관(대주)의 입장에서 차주의 상환 능력을 평가하는 지표다. 이 비율의 분자는 차주의 수입이고, 분모는 동일한 기간에 차주가 지불해야 하는 원리금이다(다만 상업용 부동산에서는 원리금 상환은 많지 않고, 이자만 지급하는 경우가 대부분이다). DSCR이 1.0 × (1.0배) 미만이면 차주의 수입으로 이자도 못내는 상황이라는 뜻이다. 통상 대출약정서마다 DSCR의 기준을 두고, DSCR이 대주가 정한 기준 이하로 떨어지면 수익의 일부를 대주가 지정한 계좌(통상 '이자유보계좌'라고 한다)에 입금해야 한다. 이 계좌는 대출약정 체결 당시 대주가 질권을 잡고 있어 차주가 마음대로 인출을 하지 못한다(차주가 이자를 먼저 입금하도록 강제하는 것이다).

대출약정서마다 대주와 협의된 DSCR의 정의가 다르므로, 다른 사례에서 정하고 있는 대로 그대로 계산하면 안 된다. 반드시 해당 대출약정서상 DSCR의 정의를 확인해야 한다. 또한 선순위와 후순위가 있을 때 선순위 DSCR, 후순위를 포함한 통합 DSCR을 각각 계산해서 요구하는 일이 있다. DSCR 확인 요청이 왔다면 정확히 어떤 기준의 수치를 요청했는지 살펴본다.

DSCR 산정의 예시

기준)

1) 대출이자기간: 매 3개월마다

2) DSCR 산정기간: DSCR의 산정 대상기간은 매 대출이자기간으로 한다.

3) 분자(A): 본 건으로부터 수취하는 임대료, 관리비 등 본 건 자산을 이용해 차주가 얻게 되는 수익에서 본 건의 운용에 소요되는 비용을 차감한 금액(단, 이자비용 등 영업외 비용은 제외한다)

4) 분모(B): 본 계약에 따라 발생하는 대출이자금액

예시) 단, 아래 수치는 매 대출이자기간 중의 금액이다.

※운영수익: 100억 원

※운영비용: 30억 원

※대출이자비용: 35억 원

DSCR =(100-30)/35 = 2.0×(2배)

- **변동금리 대출의 이자 지급**: 최근 대주들이 금리의 가파른 상승세로 고정금리 보다 변동금리 대출을 선호하는 추세다. 변동금리 대출은 일반적으로 CD91일물과 연동한다. 기준금리가 CD91일물이 되고('이자기간의 초일의 전 3영업일의 평균치'와 같이 하루치가 아닌 수일의 평균을 내는 것이 일반적이다) 가산금리를 별도로 약정하는 식이다(예: 가산금리는 2.0%로 한다 - CD 91일물의 금리에 2.0%를 더하면 그것이 대출 이자율이 되는 방식). CD91일물은 금융투자협회 채권정보시스템(kofiabond. or. kr)에서 확인할 수 있다.

C. 운용현황 보고 업무

공모펀드는 자산운용보고서, 월간보고서 등을 법령에서 정한 바에 따라 주기적으로 공시하고 있다. 사모펀드는 펀드별, 목적물별과 같이 그 기준을 달리 협의할 수 있으며, 일반적인 보고 업무는 아래와 같다.

자산운용보고서

분기별로 투자자에게 정보를 제공하기 위해 제출하는 보고서로 재무결과, 운용결과 등의 내용을 포함한다. 일반적으로 펀드개요, 운용성과, 자산 현황, 임대 현황, 손익 현황, 자산재평가 현황, 이해관계인과 거래내역, 분배금 내역, 운용계획 등의 내용이 포함된다.

월간/주간 보고서

월별 또는 주별로 투자자에게 제출하거나 내부관리를 위한 보고서로 펀드개요, 투자 현황, 자산 현황, 손익 현황 등의 내용을 기재하고 있다. 구체적으로 권리설정, 보험가입, 보증금 및 미수금, 스태킹 플랜Stacking Plan, 경쟁빌딩 분석, 재무결과, 수도광열비 분석, 공사/시설관리 현황 등의 내용도 포함된다.

○○○○○○아시아퍼시픽부동산공모1호 투자회사 보고서 및 공시 내용

· 투자설명서를 확인하세요.

집합투자규약	📄	투자설명서	📄	간이투자설명서	📄
운용보고서	📄	월간보고서	📄		

· 펀드공시 안내해드립니다.　　　　　　　　　　　　　　　　　　　 더보기 ＞

펀드 자산 평가액 기준가 반영 안내	2022.09.30
2022년 2분기 영업보고서_▇▇▇▇▇겝스아시아퍼시픽부동산공모1호	2022.08.12
2022년 1분기 영업보고서_▇▇▇▇▇겝스아시아퍼시픽부동산공모1호	2022.05.26
집합투자규약 및 투자설명서 변경의 건	2022.04.29
펀드 자산 평가액 기준가 반영 안내	2022.04.25

출처: ○○○○자산운용
https://investments.miraeasset.com/fund/view.do?fundGb=1&fundCd=494101

개발자산의 운용 프로세스

앞서 언급한 실물 자산의 운용 내용은 준공된 건물을 운용하는데 필요한 것이다. 개발 단계의 자산을 운용할 때는 공사 과정을 관리할 CM 용역과 같은 업무가 필요하다.

개발 자산 운용은 주로 설계사, 시공사, 시행사 경력이 있는 인력들이 담당한다. 전체 사업비 중 직접공사비와 간접공사비를 포함한 공사비가 적게는 30% 많게는 60%까지 차지하기 때문이다. 투자팀에서 펀드를 설정하여 자산을 매입한 후 운용팀으로 업무가 이관되는 것이 보통이다. 하지만 때에 따라 운용팀이 투자팀의 펀드 설정 당시부터 협업하는 경우도 있다. 개발 자산은 준공 이후 실물 자산과 같은 절차로 운용되므로, 준공 전 개발 과정에 대한 업무를 서술하면 다음과 같다.

CM 선정

운용팀이 개발 자산을 운용할 때 가장 처음에 하는 업무는 CMConstruction Manager을 선정하는 일이다. CM업무는 주로 감리업무와 겸하여 전반적인 설계, 시공, 스펙 선정 등을 검토하며 제안하는 업무다. CM은 사업계획 수립, 설계 과업지시서 작성, 설계 검토 및 검토보고서 작성, 설계/시공/공법의 적정성 검토, 설계도서 검토, VE(Value Engineering, 설계에 대한 경제성 및 현장적용 가능성을 기능별, 대안별로 전문가가 검토하여 품질향상 및 원가절감을 도모하는 것) 검토, 공정관리, 원가관리, 품질관리, 안전관리, 준공 및 인수인계 관리 등 포괄적인 업무를 진행한다. 설계사 및 시공사 선정을 위한 CM 검토가 필요하므로 보통 사업 극초기에 선정하며, 부동산 개발과 관련한 전반적인 코치의 역할을 하므로 전문적인 지식을 가진 CM을 선정하는 것이 무엇보다 중요하다.

CM 선정 프로세스

1. 1차 후보군(Long List) 선정	2. 최종 후보군(Short List) 선정	3. 내부보고	4. RFP 발송
5. CM 견적	6. 우선협상대상자 통보	7. 협상	8. 계약체결

① **1차 후보군 선정**: 1차 후보군은 넓은 범위의 후보군을 말한다. 매출, 유사 프로젝트, CM능력평가 등 실적을 기준으로 후보군 10~15개 정도 선정한다.

② **최종 후보군 선정**: 최종 후보군은 1차 후보군 보다 좁은 범위의 압축후보군을 말한다. 이 단계에서는 본 프로젝트에 적합한 후보군을 3~5개 정도 선정한다.

③ **내부보고**: 후보군에 대한 최종 확정을 받는 단계로, 부동산 관련 부서뿐만 아니라 컴플라이언스, 리스크, 법무팀에도 내용을 사전 검토 요청하여 리스크를 최소화한다.

④ **RFP(Request For Proposal, 입찰안내서) 발송**: 확정된 후보군에게 입찰안내서를 배포한다.

⑤ **CM 견적**: CM은 견적내역 작성에 착수하고, 질의회신 등을 통해 견적의 정확도를 높이고, 분쟁 발생이 최소화되도록 한다.

⑥ **우선협상대상자 통보**: 일반적으로 최저가를 제안한 CM이 우선협상대상자가 된다. 하지만 CM의 경영상태, 유사 프로젝트 경험, 보유인력, 인력운영계획(MM) 등 항목별 배점을 통해 종합평가 후 선정한다.

⑦ **협상**: 우선협상대상자와 구체적인 협상을 진행한다. 주로 가격, 인력운영계획(MM, Man-Month)에 대해 협의한다. CM은 대부분 인건비 비중이 크므로, 전체 용역비를 전체 인력투입월수로 나누어 환산 MM을 비교하여 검토하는 것이 적절하다.

⑧ **계약체결**: CM과 협상을 통한 최종 조건에 대하여 계약 체결을 진행한다.

CM능력평가공시

건설산업기본법 제23조의 2의 규정에 의거 매년 건설사업관리자의 건설사업관리 능력을 평가, 공시하고 있으며 매년 8월 31일에 발표된다.

관련 사이트
- 한국CM협회: http://www.cmak.or.kr/html/business/bcmnotice.asp
- 국토교통부: KISCON: http://www.kiscon.net/pcm/content.asp?num=77

설계사 선정

설계사는 설계도서 작성과 인허가 관련 행정 업무를 진행한다. 투자 수익성을 극대화하는 REF(부동산 펀드)의 속성상, 개발 토지에서 창출할 수 있는 수익성을 최대치(즉, 토지의 최유효 이용)로 할 수 있는 설계도서가 중요하기 때문에 설계사 선정이 중요하다. 주어진 토지 조건에서 최대치의 연 면적을 구현하는 것도 중요하지만, 임차인들에게 매력적으로 받아들여질 수 있는 건축물이 결국 높은 임대료와 낮은 공실률을 달성할 수 있으므로 이를 구현해낼 수 있는 설계사무소의 역량이 필요하기 때문이다. 설계도서는 시공사에게는 건물 완성을 위한 설명서의 역할을 하므로, 향후 시공사와의 정산 등에 있어서도 중요하다. 그뿐만 아니라 설계사무소는 토지의 최유효 이용을 위하여 개발과 관련한 각종 인허가 및 행정업무를 지원하고 있어 개발기간의 단축을 위해서도 설계사무소의 역량이 중요하다.

설계사 선정 프로세스

1. 1차 후보군 선정	2. 최종 후보군 선정	3. 내부보고	4. RFP 발송
5. 설계사 견적	6. 우선협상대상자 통보	7. 협상	8. 계약체결

① **1차 후보군 선정**: 매출, 유사 프로젝트 등 실적을 기준으로 후보군을 10~15개 정도 선정한다.

② **최종 후보군 선정**: 본 프로젝트에 적합한 후보군을 3~5개 정도 선정한다.

③ **내부보고**: 후보군에 대한 최종 확정을 받는 단계로, 부동산 관련 부서뿐만 아니라 컴플라이언스, 리스크, 법무팀에도 내용을 사전 검토 요청하여 리스크를 최소화한다.

④ **RFP 발송**: 확정된 후보군에게 입찰안내서를 배포한다.

⑤ **설계사 견적**: 설계사는 견적 내역 작성에 착수한다. 질의회신 등을 통해 견적의 정확도를 높이고, 분쟁 발생이 최소화되도록 한다.

⑥ **우선협상대상자 통보**: 설계사는 최저가 제안사가 낙찰되기보다 설계 콘셉트, 최적 규

모 산정 등 종합적으로 고려한 설계사를 우선협상대상자로 선정하며, 부수적으로 설계사의 경영상태, 유사 프로젝트 경험, 보유인력, 인력운영계획 등 배점을 통해 평가 후 선정한다.

⑦ **협상**: 우선협상대상자와 협상을 진행한다. 가격, 설계(안) 등을 주로 협의한다. 설계사 또한 인건비 비중이 크므로, 전체 용역비를 전체 인력투입월수로 나누어 환산 MM을 비교하여 검토하는 것도 필요하다.

⑧ **계약체결**: 설계사와 협상을 통한 최종 조건에 대하여 계약 체결을 진행한다.

설계 프로세스

A. 기획설계: 건축대지에 관한 각종 자료(지적도, 도시계획도 등)를 기초로 디자인을 위한 기본적인 정보들을 확인하는 도면 작성 과정

B. 계획설계: 기획설계에서 결정된 내용을 도면화하는 과정. 동시에 건축주의 요구사항과 시공도면의 작성에 필요한 중요사항 결정

C. 기본설계: 계획설계의 심화 과정. 관련 행정기관과 관련 집단의 판단을 수렴하며, 구조계획과 설비계획을 진행하여 구조부재들의 위치와 치수를 정확히 결정

D. 실시설계: 건축물을 정확히 시공하기 위한 모든 건축 요소를 결정하여 도면으로 작성하는 과정. 구조, 설비, 냉난방, 배관, 방화계획 등을 도면에 반영한다. 일반적으로 시공사가 시공단계에서 보게 되는 시공 목적의 도면이다. 인허가 과정 중에 행정관청의 요청으로 도서가 수정될 가능성이 있기 때문에 인허가는 기본설계도서, 실제 시공은 실시설계도서로 진행하게 된다.

시공사 선정

시공사는 개발 목적물에 대한 시공을 하는 것이 주 역할이다. 국내에서는 PF가 있는 경우 시공사가 목적물에 대한 책임준공확약 및 신용보강을 진행하며, 시공과 관련하여 발생하는 각종 민원 및 행정업무를 처리한다. 시공사와 계약을 체결하는 방법은 총액 계약Lump Sum, 단가계약, 실비 정산 계약 등 다양한 방법이 있지만 총액 계약을 가장 많이 활용한다. 공사비는 개발사업비의 가장 큰 부분을 차지하므로 향후 공사비 관련 분쟁이 발생하지 않도록 시공에 충분한 설계도서 준비 및 CM의 철저한 관리 감독이 중요하다.

총액 계약

- 건설공사 계약에서 가장 많이 활용되는 방법
- 계약목적물을 확정하고, 그에 대하여 총 공사대금을 정하는 방법
- 계약목적물의 확정은 설계도서에 의하여 정해지고 이를 위하여 실시 설계도서 필요

- 수급인(시공사)은 자신의 책임으로 설계도서상 정해진 공사 범위 내에서 공사를 진행하기 때문에, 도급인REF는 현장관리가 간편하고 공사비 증감에 따른 부담이 적게 되는 장점
- 현장 여건에 따라 기존 설계도서 사항과 다른 공사 혹은 도급인의 별도 지시로 공사 범위가 일부 변경되는 경우, 향후 공사대금 정산과 관련한 분쟁이 많이 발생

단가계약

- 공사를 일정한 단위, 개별 공정, 항목 등으로 구분한 뒤 그 단위마다 단가를 정하고, 공사를 이행한 뒤 수행 물량을 확인하여 당사자가 정한 단가를 근거로 공사비를 산출하여 지급하는 방식
- 총액 계약과 달리 산출 내역서 등이 중요한 서류가 됨
- 물량이 증가하면 공사비가 자동으로 증가하기 때문에 추가 공사대금 정산과 관련한 분쟁이 적지만, 공사 내용이 복잡한 공사 등에는 적용이 어려움

실비 정산 계약

원가가산 보수 계약이라고도 하며, 공사에 소요된 공사원가와 공사를 관리하는 관리자에 대한 보수를 분리하여 미리 정한 뒤, 관리자가 공사를 진행하면서 건축주의 계산으로 공사비를 집행하고 업무의 진행 정도 또는 기간에 따라 별도의 보수를 받는 방식

시공사 선정 프로세스

1.1차 후보군 선정	2. 최종 후보군 선정	3. 내부보고	4. RFP 발송
5. 시공사 견적	6. 우선협상대상자 통보	7. 협상	8. 계약체결

① **1차 후보군 선정**: 매출, 유사 프로젝트, 시공능력평가 등 실적을 기준으로 후보군을 10~15개 정도 선정한다.

② **최종 후보군 선정**: 본 프로젝트에 적합한 후보군을 3~5개 정도 선정한다.

③ **내부보고**: 후보군에 대한 최종 확정을 받는 단계로, 부동산 관련 부서뿐만 아니라 컴플라이언스, 리스크, 법무팀에도 내용을 사전 검토 요청하여 리스크를 최소화한다.

④ **RFP 발송**: 확정된 후보군에게 입찰안내서를 배포한다.

⑤ **시공사 견적**: 시공사는 견적에 착수하고, 질의회신 등을 통해 견적의 정확도를 높이고, 분쟁 발생이 최소화되도록 한다. 전문가인 CM과 설계사의 역할이 중요하다.

⑥ **우선협상대상자 통보**: 일반적으로 최저가를 제안한 시공사가 우선협상대상자가 되지만, 시공사의 경영상태, 시공경험, 보유 인력, 품질/안전 계획 등 배점을 통해 평가 후 선정한다.

⑦ **협상**: 우선협상대상자와 협상을 진행한다. 가격, 공기를 주로 협의하며, VE 제안을 통해 금액과 공기를 최적화한다. CM 및 설계사의 적극적인 의견 개진이 필요하다.

⑧ **계약체결**: 시공사와 협상을 통한 최종 조건에 대하여 계약 체결을 진행한다. 내부통제부서인 법무팀, 리스크, 컴플라이언스와의 협업이 필요하다.

PF(Project Financing)란?

PF란 개발 프로젝트에서 미래에 발생하는 현금흐름을 담보로 개발사업에 필요한 자금을 대출받는 것을 뜻한다. PF는 본래 프로젝트의 수익성만을 바탕으로 대출을 해주는 것이다. 하지만 국내에서는 일반적으로 PF를 받기 위해서는 채권보전 장치(시공사의 지급보증, 책임준공, 공사 중인 토지에 대한 근저당권)를 확보해야 한다. PF는 토지 매입 단계에서 발생한 브릿지론(Bridge Loan, 개발사업 초기 토지비용이나 기타 인허가 관련 자금을 단기로 융통하려는 목적으로 받는 대출) 대환 및 사업비 조달 목적으로 활용되기도 한다.

PF 인출은 필요 사업비를 각종 증빙(예: 공사비의 경우 건설감리자의 공정확인서)과 함께 대리금융기관 혹은 각 대주들에게 인출 요청하여 진행한다. 대리금융기관이 선정되어있는 경우, 대리금융기관이 대표로 차주REF가 요청한 사업비에 대하여 대출계약서에 근거하여 검토 및 각 대주별 인출 금액 요청하기도 한다. 금융기관이 일반적으로 고려하는 PF의 위험은 다음과 같다.

구분		내용
시장 위험	시장수급	투자지역, 수급현황 및 전망, 가격동향, 미분양 현황 등
	입지요건	위치, 교통 접근성, 배후지 수요, 교육환경, 생활환경, 편의시설 등
	시장성분석	브랜드, 평형대, 분양가격, 평면, 프로그램 등
사업 위험	토지확보	토지확보 수준 및 계획(소유권, 계약체결, 동의 등)
	인허가	인허가 추진상황 및 가능성
	사업비용	총 투자비용, 토지비 및 공사비, 대출규모의 적정성
	재원조달	선순위, 후순위, 자기자본 조달 가능성
	사업일정	분양일정, 공사 및 인허가 일정, PF 취급일정 등 적정성
사업주체 위험	시행사	신용도, 시행경력, 재무상태, 추가 담보능력
	시공사	시공능력, 신용등급, 사업분산 정도, 우발채무 규모 등
재무적 위험	상환 가능성	사업수지, 누적DSCR, 융자비율LTV
	현금흐름 예측 가능성	분양의 확실성, 중도금 대출의 확보, 준공 후 입주위험 등
	민감도 분석	주요 변수에 따른 민감도 분석, 사업 특성에 따른 시나리오 분석 등
채권보전 위험	담보 확보	담보신탁 설정, 근저당권 및 근질권 활용, 할인분양 등 출구전략 등
	신용 보강	시공사 등 연대보증(채무인수, 지급보증, 자금보충), 신용도 및 보증 약정의 강도 등
	현금 통제	분양수입 및 사업비용의 대리은행 통제 여부

해당 리스크를 헷징하기 위한 수단은 아래와 같다.

구분	채권보전수단	비고
물적 담보 확보	저당권 설정 또는 부동산 담보신탁	대주의 채권을 모두 보전 하기 부족한 경우도 많음
시공사 등을 통한 추가 담보 확보	시공사 책임준공 확약 시공사의 차주에 대한 연대보증 또는 채무인수 시공사의 차주에 대한 자금보충 시공사의 책임분양 기타 사업참여자의 책임임대차 약정 등	부동산 PF 채권보전수단 으로 가장 많이 활용
제3자를 통한 채권 보전	주택도시보증공사 주택사업 금융보증 한국주택금융공사 PF 보증 건설공제조합 및 서울보증보험 이행보증	일정한 대가를 받고 채무 이행 등 대신 제공하는 금 융상품의 일종
	금융기관 등 유동화증권 매입 약정 금융기관 등 미분양부동산 담보대출 확약 등	-

부동산 PF 채권보전 수단으로 시공사의 책임준공 확약이 가장 많이 활용되고 있으며, 이러한 수단이 등장하게 된 이유는 다음과 같다.

책임준공확약서란?

- IMF 이후 시행사와 시공사 역할을 하던 건설사들이 리스크 분산을 위해 업무 영역을 나누기 시작하였고, 시행사들은 작은 자본금으로 건설사들의 축적된 신용을 원천으로 낮은 금리의 대출 조달
- 금융권에서는 시행사가 부도나더라도 건설사가 건물을 끝까지 짓도록 하는 '책임준공' 및 유사시 대출금 상환 의무까지 부여하기 시작함. 최적의 PF 금융조건으로 조달하기 위해서 책임준공 의무를 부담하는 시공사의 신용도가 중요하게 됨
- 시공사 입장에서는 책임준공확약에 따른 신용제공으로 우발 부채를 부담하게 되므로 책임준공확약서 내용 검토에 상당한 시간이 걸림. 따라서 시공사 선정전 PF 대주단으로부터 사전에 책임준공확약서 내용을 제시 받아 시공사 입찰 시 이를 반영하여 향후 시공사와의 도급계약 일정을 단축할 수 있음
- 사업 진행과정 중 시공사의 역할이 중요한 키(Key)로 작용하게 되었으나, 최근 대형화된 부동산 디벨로퍼의 등장으로 이러한 신용보강 행위가 사라지는 대신, 시공비용을 낮추는 추세임

예산 검토

예산 대비 실제 사업비 지출 검토

최초 투자심의 단계에 수립하였던 예산 대비, 실제 개발 진행 과정 중 지출한 사업비에 대하여 비교 검토하는 것이며, 개발 사업 중 예상치 않은 비용 지출이 발생할 수 있으므로, 이를 해결하기 위한 예비비 예산에 대한 통제가 중요하다.

실제 사업비를 통한 최초 예산 기준 재무모델 업데이트

최초 투자 심의 진행 중 수익성 검토를 위해 사용한 재무모델을 이용

하여, 실제 사업비를 반영한 수익성을 지속 업데이트 하여야 한다. 일반적으로 최초 IM에 기재된 사업비를 언더라이팅Underwriting Budget, UW 이라고 부른다. 최초 투자심의는 기획 설계를 바탕으로 수립한 연면적으로 산출한 예산이므로 실제 인허가 과정 중에 확정한 건축 연면적과는 차이가 있을 수밖에 없으며, 실제 인허가 면적 및 계약단가를 반영한 재무모델을 통한 수익성 검토를 계속적으로 업데이트하여야 한다.

자산을 매각함으로써 수익률이 최종적으로 결정되게 된다. 따라서 자산을 언제 매각해야 할지, 누구에게 어떤 조건으로 매각을 해야 할지, 매각 조건을 조금이라도 유리하게 가져가기 위해서는 어떤 사전적 준비가 필요한지 심도 깊은 고민이 필요하다. 전체적인 과정은 투자의 검토 과정과 유사하다. 매수인이었던 포지션이 매도인으로 바뀐 것이다. 따라서 매각 파트에서는 매각의 기본적인 과정과 어떤 부분에서 투자와 달라 유의해야 하는지와 같은 부분만을 간략히 다루도록 하겠다.

PART 4

부동산 자산의
매각

매각(처분)의 과정은 매입 과정과 동일하다. 다만, 매입 시에는 매수자의 관점에서 접근했다면 매각 시에는 매도자의 관점에서 접근한다는 점이 다르다. 매각 자문사를 선정하고, 입찰을 받았다고 해도 반드시 매각이 진행되는 것은 아니다. 입찰 가격이 매도자의 기준에 미달하거나 하는 등의 사유로 매각이 취소될 수도 있다. 이 부분에 대해서는 매각 과정에서 명확히 고지되어야 한다. 잠재 매수자 입장에서도 보증금 등을 넣지 않더라도, 매입 검토 과정에서 시간과 인력을 투입했을 것이다. 매도인의 상황에 따라 매각 과정 전체가 취소될 수 있음을 명확히 매각 자문사와 잠재 매수인에게 고지해야 문제가 없다. 또한 이 과정에서 매각이 취소될 경우 매각자문사와의 관계가 악화될 가능성도 고려해야 한다.

매도 과정에서는 단순히 가격뿐만 아니라, 잠재 매수인이 딜을 클로징할 수 있느냐도 중요한 관건이다. 신생 운용사들이 딜 유치에 어려움을 겪는 이유 중 하나다. 명확한 전략적 투자자Strategic Investor, SI를 가지고 있는지, 출자자금에 대한 신뢰할 수 있는 기관의 투자확약서LOC, Letter Of Commitment를 가지고 있는지 등을 확인해야 한다.

개발 자산을 매각하는 경우는 준공 전 매각 방법이 있고, 준공 후 매각하는 방법이 있다. 준공 전 매각 방법을 선매각(입) 방식이라고 한다. 준공 후 매각은 매도자 입장에서 사실상 실물 자산을 매입하는 구조와 동일하다고 볼 수 있다.

매각의 프로세스

매각을 하는 입장에서는 매각 대상의 가치를 극대화하는 것이 중요하다. 이를 위해서는 건물의 입지와 개별 품질이 우수하다는 등 물리적 스펙도 높아야 하지만, 임차인의 상태가 가장 중요한 요소다.

임차인 유치 및 관리

임차인이 곧 부동산(임대공간)의 소비자이며, 해당 건물의 임차인의 신용등급과 재무상태 등에 따라 자산 가격도 영향을 받는다.

- 책임임대차Master Lease는 공실에 대한 위험을 최소화시켜주는 대가로 시장가 보다 낮은 임대료를 요구하기도 한다.
- 코어Core형 자산은 기존 임차인의 잔여임대차만기가 중요한 요소로 작용한다. 주요 임차인의 퇴거가 예정된 경우 해당 건물의 가치 하락으로 이어질 수 있다. 반대로 리모델링 또는 재건축을 염두해 둔 경우

공실이 많거나 임차인의 퇴거가 예정된 것이 매수자 입장에서 더 선호될 수도 있다. 따라서 각 자산의 전략에 따라 매각 전 임차인과 재계약을 할지 여부도 전략적으로 선택해야 한다.

매각 예상 현금흐름 산출

A. 캡 레이트Cap Rate를 활용한 매각가 산출

- 시장 보고서 및 주변 매각 사례를 토대로 엑시트 캡 레이트Exit Cap Rate 추정

- 향후 1년간 예상 NOI 산출

- 예상 매각가 = 예상 NOI / 예상 엑시트 캡 레이트

B. 매각 성과 보수 측정

- 집합투자규약 등에 명시되어 있는 매각 성과보수 측정

  예: 매각 성과보수 차감 전 IRR 8% 이상 초과 시, 초과하는 현금흐름의 20%

- 매각 자문사에게 지급하는 성과보수 측정

  예: 총 매각 가격 2,000억 원 초과 시, 초과된 금액의 5%

C. 분배 예상 현금 흐름의 추정

- 청산 후 분배 예상 현금흐름은 다음 페이지의 표와 같이 산출된다.

구분	비고
당기순이익 (+) 매각 가격 (-) 매각 부동산 장부금액 : 취득원가 : 누적 재평가 이익 : 자본적지출(CAPEX) (-) 매각 성과보수 (-) 기타 매각 관련 보수	직전 결산일 ~ 청산일 vat 제외
배당(분배) 가능이익	

D. REF 해지 및 잔여재산 분배

- REF 해지 전, REF가 신고 및 납부해야 하는 세금 점검

- 부가세 신고

- 지분증권 투자일 때, 증권거래세 신고

E. 사업자등록 폐업 신고

- REF의 목적 사업(부동산 임대업) 종료에 따른 사업자등록 폐업 신고

- 폐업 신고 후 다음 달 25일까지 부가세 신고

- 부가세 확정신고 후 30일 이내 환급

- VAT 역시 잔여재산 분배 대상에 포함되므로, REF 해지일에 맞춰 수취할 수 있도록 해야 함

F. 잔여재산 분배 및 해지 신고

자본시장법 제192조에 따라 신탁계약 기간의 종료 등 법에서 정한 사유로 투자신탁 등을 해지하는 경우, 별도 승인 절차는 필요 없다. 하지만 그 해지 사실을 지체 없이 금융위원회에 보고할 의무는 있다.

임대차계약서상 임차인에게 우선매수권이 존재하는 일이 있다. 우선매수권이란 현재 임대인이자 건물 소유주가 건물을 매도하고자 할 때 임차인이 외부의 제 3자 보다 먼저 매입에 대해 먼저 협상할 수 있는 권리다(세부적인 내용, 순서 등은 임차인과의 협상에 따라 달라질 수 있다). 사옥 등을 세일즈앤리스백 방식 등으로 매각할 때, 추후 다시 건물을 매입할 옵션을 가지기 위한 목적으로 임대차계약에 이러한 조항을 넣는 경우가 많다. 또한 이 방식이 아니더라도 건물의 대부분을 임차하고 있는 앵커테넌트를 유치하거나 임대차계약을 협상하는 과정에서 우선매수권의 부여를 요청하기도 한다.

PART 1

수익성 분석 - 재무모델의 작성

PART 2

엑셀 기능, 함수 및 세금 요약

수익성 분석 - 재무모델의 작성

재무모델 작성을 위해서는 엑셀 능력, 회계원리 및 부동산업에 대한 이해가 필요하다. 재무모델을 작성하는 능력이 실무진 단계에서 필요한 능력을 종합한 스킬이기 때문이다. 따라서 재무모델을 어느 수준 이상으로 작성할 줄 안다면 취업과 실무에 큰 도움이 된다.

재무모델을 익히는 가장 효과적인 방법은 모델을 스스로 작성해 보고 수정하기를 반복하는 것이다. 하지만 관련업에 종사하지 않거나 아직 학생이라면 실제 재무모델을 접하기 쉽지 않아 이러한 과정을 거치기 어렵다. 현업에서 재무모델을 접해본 사람 중에서도 모델을 제대로 해석하고 오류를 검증해낼 수 있는 사람은 많지 않다.

재무모델을 현업 수준으로 가르치기 위해서는 이 책 전체의 분량을 할애해도 부족하다. 그러므로 이 책에서는 재무모델 작성 및 검토에 있어 실무진이 어려워하는 재무모델의 핵심 작성 원리 및 주요 엑셀 기능 위주로 설명하겠다. 아래에 사용된 엑셀의 원본은 커리어짐 블로그(blog naver.

com/careergym2020)에 업로드되어 있으니 블로그를 참고하기 바란다.

재무모델의 정의와 최종 산출값

① 재무모델의 정의

- 프로젝트의 미래 현금흐름을 예측하여 정리한 현금흐름표Cash Flow
- 현금흐름의 검증을 위해 B/SBalance Sheet, I/SIncome Statement 작성

재무모델은 프로젝트의 미래 현금흐름을 예측하여 정리한 현금흐름 Cash Flow, CF이다. 보통 프로젝트의 수익성을 예측하기 위한 간략 재무모델에서는 CF만 작성하는 경우가 많으나 최종검토를 위한 재무모델에서는 재무상태표Balance Sheet, BS와 손익계산서(Income Statement 또는 Profit & Loss 라고 부르기도 한다)를 함께 작성한다.

② 재무모델의 활용과 산출값

- 재무모델을 이용해 대상 물건의 투자 타당성을 분석
- 수익률(IRR, ROE 등) 산출 / DSCR 산출

부동산 투자를 위한 재무모델에서는 에쿼티 투자자의 수익률을 산출해 내기 위해 일반적으로 IRR(Internal Rate Of Return, 내부수익률) 및 ROE(Return On Equity, 자기자본수익률)를 최종 산출물로 작성한다. 참고로 차입을 해주는 대출기관을 위한 지표로는 DSCRDebt Service Coverage Ratio이 있다.

A펀드에 100만 원을 투자했는데, 수익률이 10%라고 가정해 보자. 1년 후에는 얼마가 될까?

110만 원이 된다. 이를 수식으로 표현하면, 100만 원×(1 + 10%)=110만 원이다. 즉, 현재 투자액에 수익률(10%)을 곱하면 미래 현금유입액이 나오고, 미래 현금유입액을 수익률인 10%로 할인하면 현재 투자액이 나온다. 여기서 미래 현금유입액을 10%의 수익률로 할인하였으므로, 이것을 '할인율' 또는 '내부수익률(IRR)'이라고 부른다.

IRR의 가장 큰 장점은 ROE와 다르게 시간의 가치가 고려된다는 점이다. 다음의 예를 살펴보자.

- 100만 원을 투입했는데 1년 뒤 원금포함 144만 원을 돌려받게 되었다면 연간 수익률은 얼마인가? = -100만 원 + 144/(1 + X) = 0, X값 0.44 즉, 수익률 44%
- 100만 원을 투입했는데 2년 뒤 원금 포함 144만 원을 돌려받게 되었다면 연간 수익률은 얼마인가? = -100만 원 + 144/(1 + X)^2 = 0, X값 0.2 즉, 수익률 20%

결과적으로 IRR은 1)투입금액이 낮을수록, 2)자금 회수기간이 짧을수록, 3)회수금액이 클수록 수치가 높아진다.

ROE는 배당을 투입된 자본으로 단순히 나누는 개념이므로 각 FY(회계기간)별 수익률이 얼마인지를 나타내는데 주로 쓰인다.

- **ROE 산식:** ROE=각 기별 배당금액/각 기별 평균 자본 × [12/FY(회계기간)]

ROE를 계산할 때 흔히 하는 실수는 배당금액을 단순히 투입된 자본으로 나누어서 계산하는 것으로 착각할 때 발생한다. ROE 수익률은 항상 연간으로 환산하여야 하며 회계기간이 3개월이라면 배당금액/평균 자본에 4를 곱하여 연간 수익률로 환산해주어야 한다. 회계기간이 6개월이라면 배당금액/평균 자본에 2를 곱하여 연간 수익률로 환산해주어야 한다.

DSCR(Debt Service Coverage Ratio)은 각 대출 금융기관 입장에서 보는 사업성 지표 중의 하나로, 매 기간별 이자비용 대비 현금흐름(NOI)이 충분히 발생하고 있는지를 확인하는 수치다. 각 FY별 NOI를 이자비용으로 나눈 수치로 그 수치가 1이라면 딱 이자비용을 보전할 만큼만 이익이 발생하고 있는 것이다. 일반적으로 대출기관에서는 DSCR이 1.3 이상 유지되도록 요구하고 있다. 참고로 NOI는 Net Operating Income의 약자로 영업이익을 뜻한다. 이자비용은 자본구조, 대출을 얼마나 하고 에쿼티는 얼마나 하는 가에 따라 달라지므로 영업 외 비용으로 분류한다.

재무모델 작성 기초와 A&R(Assumption&Result, 가정과 결과) 작성하기

재무모델 작성에 흔히 마주하는 어려움 중 하나가 시트가 너무 많고 복잡하게 얽혀있어서 어느 시트부터 들여다봐야 하는지 모르는 것이다. 사실 이러한 어려움은 모두 회계원리에 대한 이해 부족에서 발생하는 경우가 많다. 회계원리를 바탕으로 작성 원리를 익히면 재무모델을 작성하거나 검토하기 훨씬 수월해진다. 먼저 가장 기본이 되는 원리인 회계항등식을 살펴보자.

차변   **대변**

자산(Asset)	부채(Debt)
건물 2,000억 원 취득 부대비용(건물가액의 6%) 120억 원 현금 100억 원	차입금 1,200억 원(LTV 60%) 보증금 300억 원
	자본(Equity)
	자본금

회계항등식은 [자산 = 부채 + 자본]을 뜻하는 것으로 회계의 가장 기초가 되는 원리다. 참고로 자산이 표시된 왼편을 회계에서 '차변'으로 부르며, 부채와 자본을 표시한 오른 편을 '대변'이라고 부른다. 그리고 자본은 크게 자본금과 이익잉여금으로 구성되는데 자본금은 주주가 회사에 납입한 자본을 뜻하며, 이익잉여금은 수익활동을 통해 벌어들인 누적된 소득을 뜻한다.

앞 페이지의 표에서 자본의 값은 얼마가 되어야 할까? 차변을 살펴보자. 자산의 세부 계정으로 건물, 취득 부대비용, 현금이 있다. 각 계정 가치를 합치면 2,220(2,000 + 120 + 100)억 원이다. 그리고 대변 중 부채를 구성하는 차입금, 보증금이 각각 1,200억 원, 300억 원이다. 자산 = 부채 + 자본이 항상 성립하므로, 자본 = 자산 - 부채다. 자산의 가치인 2,200억 원에서 1,500억 원을 뺀 720억 원이 자본의 값이 되어야 한다.

달리 설명하면, 2,220억 원의 투자 자금을 조달하는데 타인자본인 부채가 1,500억 원, 타인자본으로 조달하지 못한 자금은 자기자본으로 조달해야 하므로 720억 원이 필요하다는 의미다.

모델링 작업을 편하게 하기 위해 원칙을 하나 세워두는 것이 좋다. 직접 입력(Key-In) 해야 하는 값은 빨간색으로 표시해 두고 수식으로 이루어져 있는 값은 검은색으로 표시해두자. 이렇게 하는 이유는 나중에 내가 입력하여 조정해야 하는 값들과 아닌 값들을 구분하기 위함이다. 재무모델링은 무수히 많은 가정들을 바탕으로 최종 결과(IRR이나 ROE 수익률 등)를 도출해 내기 때문에 가정이 되는 입력값들을 수식값과 시각적으로 구분해 두면 작업이 수월해진다.

자산(Asset)	부채(Debt)
건물 **2,000억 원** 취득 부대비용(건물가액의 **6%**) 120억 원 현금 **100억 원**	차입금 1,200억 원(**LTV 60%**) 보증금 **300억 원**
	자본(Equity)
	자본금 720억 원

위에서 배운 회계항등식을 가지고 입력값과 수식값을 구분해 보자. 건물, 취득 부대비용 비율, 여유현금, LTV, 보증금과 같이 직접 입력해야 하는 값은 빨간색으로 표시해 두었다. 그리고 취득 부대비용, 차입금, 자산, 자본금은 검은색으로 표시하였다. 아래의 수식을 보면 검은색 값(수식 값)은 빨간색 값(입력 값)의 조합으로 이루어짐을 확인할 수 있다.

- **취득 부대비용 120억 원** = 2,000억 원(빨간색) × 6%(빨간색)
- **차입금 1,200억 원** = 2,000억 원(빨간색) × 60%(빨간색)
- **자산 2,220억 원** = 2,000억 원 + 120억 원 + 100억 원(빨간색)
- **자본금 720억 원** = 자산 2,220억 원[2,000 + 12원 + 100(빨간색)] - 1,200억 원 - 300억 원(빨간색)

기본적인 가정을 표현하는 것은 A&R시트이다. A&R시트는 어썸션 Assumption과 리져트Result의 줄임말로 재무모델의 각종 가정과 가정들로 인해 최종 도출되는 결과 값들을 모아놓은 시트다(시트 이름은 만드는 사람마다 조금씩 다르게 붙일 수 있다). 위의 가정을 A&R시트에 작성하면 다음 페이지와 같다.

A&R 시트 투자가정과 자금조달가정 - 단위: 백만 원

W27	▼	×	✓	fx	=W22-W25-W26		

	P	Q	R	S	T	U	V	W
16								
17	**투자가정**						%	**금액**
18		건물						212,000
19			부동산취득금액					200,000
20			취득부대비용	=W22-W25-W26 수식으로 구성되어 있다. 72,000백만원 수치는 수식값으로 검은색으로 표시하고 직접 입력해야 하는 값은 빨간색으로 표시한다.			6.0%	12,000
21		여유현금						10,000
22		총금액						222,000
23								
24	**자금조달가정**			이자지급주기		금리	LTV(%)	**금액**
25		차입금		3 개월		3.5%	60%	120,000
26		보증금						30,000
27		자본금						72,000

| A&R | NOI | Index | FS_detail | RE | IS | BS | CF | IS(FY) | BS(FY) | CF(FY) | 엑셀연습 | 엑셀 단축키 | ⊕ |

투자 가정의 세부 항목들을 살펴보자. 건물(정확히는 부동산이라고 표현해야하지만 설명의 편의 및 직관적 이해를 위해 건물이라고 표현하겠다), 여유 현금, 그리고 이 계정들의 총합이 표시된다. 건물은 매매계약서 등에 언급된 취득금액을 기재한다. 부동산을 취득할 때는 취득세와 같이 부가적인 비용이 들어간다. 이를 '취득 부대비용'이라 하고 부동산 취득금액과 함께 부동산 가액으로 인식된다. 조금 더 자세한 모델을 작성할 때는 취득 부대비용도 구체적으로 브레이크다운Breakdown해서 작성하지만 여기서는 대략적인 수치인 부동산 취득금액에 일정 비율 6%를 곱하여 산출하였다. 여유현금은 현금부족이 일어나게 하지 않기 위해 건물 매입 후 건물 운영 등에 들어가는 초기 비용을 고려해 확보해 두는 돈이다.

사금조달가정을 살펴보자. 자금조달가정에서는 타인자본인 차입금과 보증금, 자기자본인 자본금이 있다. 회계항등식이 성립하기 위해 자본금은 타인자본으로 조달해 온 자금을 제외한 금액이 자본금이 되어야 한다. 따라서 투자가정의 '총금액'인 222,000(백만 원)에서 타인자본 '차입금'

A&R 시트 투자가정과 자금조달가정, LTV 입력값 수정 결과

	P Q R	S	T	U	V	W
Z24			f_x			
16						
17	**투자가정**				%	금액
18	건물					212,000
19	부동산취득금액					200,000
20	취득부대비용	LTV를 60%에서 50%로 수정하니 차입금은			6.0%	12,000
21	여유현금	100,000백만원으로 자본금은 92,000백만원으로				10,000
22	총금액	자동 수정되었다.				222,000
23						
24	**자금조달가정**	이자지급주기	금리	LTV(%)		금액
25	차입금	3 개월	3.5%	50%		100,000
26	보증금					30,000
27	자본금					92,000

A&R NOI Index FS_detail RE IS BS CF IS(FY) BS(FY) CF(FY) 액셀연습 엑셀 단축키

120,000(백만 원)과 '보증금' 30,000(백만 원)을 뺀 72,000(백만 원)이 자동으로 필요 자본금으로 산출된다.

LTV$_{Loan\ To\ Value}$는 부동산의 가치 대비 내가 차입금을 얼마나 조달할 수 있는지를 나타내는 비율로 LTV 입력값이 있는 셀V25을 수정하면 조달해 올 수 있는 차입금 금액이 달라지고 그 결과 차입금의 변동으로 인해 필요 차입금의 금액도 달라진다.

W25 수식

V25(LTV 비율) × W19(부동산취득금액)

자금조달 가정 작성하기

완성된 재무모델에선 시트가 IS, BS, CF, FS_Detail(FS는 Financial Statement, 기타 계정들의 상세 집합) 등으로 구성되어 있다. 재무모델이 낯선 실무자라

면, 시트 간 수식이 서로 복잡하게 얽혀있어 재무모델을 어려워한다. 이 책에서는 자금조달 가정 및 투자 가정을 예시로 재무모델 시트 간 작성 순서 및 작성 논리에 대해 익혀보기 바란다.

① 시트 구성

자산(Asset)	부채(Debt)
현금 100억 원	차입금 1,200억 원 보증금 300억 원
	자본(Equity)
	자본금 720억 원

자금조달 단계에서 계정은 위와 같이 1)현금, 2)차입금, 3)보증금, 4)자본금이라는 4개의 계정이 생성된다. 위의 표를 아래에서는 조금 더 자세히 풀어보겠다.

자금조달 각 계정, 상세 - 단위: 백만 원

	구분		x0	x1	x2
현금	기초		-	222,000	222,000
	유입	차입금	120,000	-	-
		보증금	30,000	-	-
		자본금	72,000	-	-
	유출	차입금	-	-	-
		보증금	-	-	-
		자본금			
	기말		222,000	222,000	222,000

	구분	x0	x1	x2
차입금	기초	-	120,000	120,000
	증가	120,000	-	-
	감소	-	-	-
	기말	120,000	120,000	120,000

	구분	x0	X1	X2
보증금	기초	-	30,000	30,000
	증가	30,000	-	-
	감소	-	-	-
	기말	30,000	30,000	30,000

	구분	x0	x1	X2
자본금	기초	-	72,000	72,000
	증가	72,000	-	-
	감소	-	-	-
	기말	72,000	72,000	72,000

X0기에 자금을 모두 조달하였다고 가정하고, 시기와 단계를 구분하여 디테일하게 표현하면 위와 같다. 자본을 투입하여 사업을 시작하는 시점을 X0기라고 표현한다. 그 이후는 X1기, X2기, X3기와 같이 순차적으로

불리며 단위는 보통 회계 기간을 한 기로 정한다. 회계기간은 펀드 설정 시 정하기 나름이기 때문에 3개월 혹은 1년이 될 수 있다. 회계기간이 종료되면 결산을 거쳐 분배(배당)를 지급하기 때문에 분배(배당) 주기라고도 볼 수 있다.

그리고 각 기(X0~2기) 별로 변화 과정도 좀 더 세부적으로 표현한다. 계정별로 기초 금액이 있다. 이를 기초로 표현한다. 기 중에는 계정별로 증가(유입), 감소(유출)와 기말이 있을 것이다. 마지막으로 기초금액에 증가, 감소 금액을 가감하면 기말 잔액이 계산된다. 이렇게 기초, 증가, 감소, 기말의 네 가지 단계로 구분하여 표현한다.

위의 표에서는 X0기에 차입금, 보증금, 자본금을 조달하여 222,000(백만원)의 현금이 펀드에 유입되어 있는 것을 볼 수 있다. 아직 자산 매입 등의 투자활동을 하지 않았다고 가정하였기에 유출되는 금액은 없는 상태다.

재무모델을 실제 작성할 때는 작성한 계정들을 지금과 같이 한 페이지에 보여주지 않고 시트별로 구분하여 각 시트에 작성한다. 예를 들어 좌

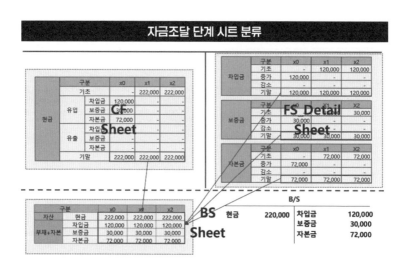

측 차변에 있는 현금 테이블은 CF 시트에, 우측의 대변인 차입금/보증금/자본금은 FS_디테일FS_Detail 시트에 작성하는 식이다. 이렇게 하는 이유는 보통 현금계정과 수익계정은 타계정과 달리 복잡한 활동들로 이루어져 있어 시트에 차지하는 양이 많고, 회사 및 펀드의 성격을 파악하기에 중요하기 때문에 FS_Detail 시트가 아닌 CF 시트와 IS 시트를 따로 만들어 표시해 두는 것이다.

각 계정들의 상세내역을 다 작성한 후에, 별도로 각 계정의 기말금액을 정리한 BS 시트를 작성한다. FS_디테일 시트와 IS, CF 시트는 계산 과정을 풀어낸 연습장 역할을 한다. 검증을 할 때는 FS_디테일 시트를 보는 것이 아니라 BS에 오류가 있는지(대변과 차변 금액의 차이가 있는지)를 본다. 그리고 BS에서 오류가 발견되면 FS_디테일 또는 CF, IS의 계산 과정에 오류가 있는 것이므로, 그때 FS_디테일 또는 IS, CF 시트를 살펴본다. 이제 위에서 설명한 내용이 실제로 엑셀에서 어떤 순서와 방식으로 작성되는지 설명하겠다.

생각해 볼 문제6   기중에 일어난 일은 모두 기말에 일어난 일로 봐야할까?

재무모델은 보통 월 단위로 작성한다. 간략 재무모델이라면 연간으로 짜지만 일반적인 재무모델은 일 단위가 아닌 월 단위로 작성한다. 일 단위는 재무모델의 최종 목적인 수익자의 수익률을 구하는 데 있어서 정확할 순 있지만 복잡하고 효율적이지 않기 때문이다.

그리고 월말 가정의 경우, 월중에 일어난 모든 가정들은 월말에 일어났다고 가정한다. 예를 들어 12월 1일에 발생할 것으로 예상하는 일과 12월 29일에 발생할 것으로 예상하는 일들 모두 12월 31일에 발생하는 것으로 가정한다. 가정을 단순화하고 재무모델 작성의 효율성을 높이기 위한 방법이다.

② 자금조달 가정 엑셀에 작성해 보기

자금조달 단계, 작성순서 스텝 1

CF Sheet

구분			x0	x1	x2
현금	기초				
	유입	차입금			
		보증금			
		자본금			
	유출	차입금			
		보증금			
		자본금			
	기말				

FS Detail Sheet 먼저 작성

차입금

구분	x0	x1	x2
기초	-	120,000	120,000
증가	120,000	-	-
감소	-	-	-
기말	120,000	120,000	120,000

보증금

구분	x0	x1	x2
기초	-	30,000	30,000
증가	30,000	-	-
감소	-	-	-
기말	30,000	30,000	30,000

자본금

구분	x0	x1	x2
기초	-	72,000	72,000
증가	72,000	-	-
감소	-	-	-
기말	72,000	72,000	72,000

BS Sheet

구분		x0	x1	x2
자산	현금			
부채+자본	차입금			
	보증금			
	자본금			

Step 1 | FS Detail 시트 작성

먼저 FS_Detail 시트를 작성해 보자. 작성에 앞서, 아래의 원칙 하나를 꼭 기억하자.

· 대변의 증가=차변의 증가, 대변의 감소=차변의 감소

차입금, 보증금, 자본금을 조달하면서 현금흐름이 발생한다. 회계항등식의 원리에 따라 대변의 숫자가 증가하면 차변도 동일한 액수만큼 증가해야 한다. 이 원리를 바탕으로 차변이든 대변이든 어느 한쪽만 작성하면 '엑셀의 주요 기능인 복사 붙여넣기' 기능을 활용하여 반대편은 빠르게 완성할 수 있다.

보통 현금은 영향을 주고받는 계정이 많기 때문에 재무모델에서는 주로 기타 계정을 작성하는 FS_Detail 시트를 먼저 완성하고 이를 바탕으로

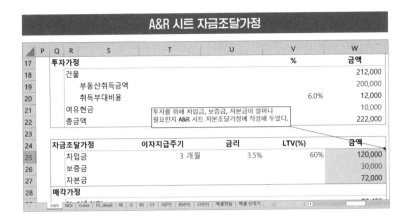

현금 계정을 작성하는 것이 일반적인 순서다.

A&R 시트에 투자 가정과 자금 조달 가정을 작성해 둔 것을 바탕으로 FS_Detail 시트의 계정들을 작성한다.

A&R 시트에 정리해둔 조달자금(차입금 120,000, 보증금 30,000, 자본금 72,000)을 FS_Detail 시트에 수식을 이용해 끌어온다. 필자는 E열에 끌어왔지만 작성자의 편의에 따라 보기 편한 곳에 끌어오면 된다. 앞에서도 언급했지만 현재 모델에 입력된 숫자는 기본적으로 백만(1,000,000)단위다(예: 모

완성된 FS_Detail 시트

`K28    ×  ✓  fx   =$E28*Index!K$12`

부채, 자본	합계	2022-10-31	2022-11-30	2022-12-31	2023-01-31	2023-02-28	2023-03-31	2023-04-30	2023-05-31	2023-06-30
시작일		2022-10-31	2022-11-01	2022-12-01	2023-01-01	2023-02-01	2023-03-01	2023-04-01	2023-05-01	2023-06-01
종료일		2022-10-31	2022-11-30	2022-12-31	2023-01-31	2023-02-28	2023-03-31	2023-04-30	2023-05-31	2023-06-30
누적개월수		0 개월	1 개월	2 개월	3 개월	4 개월	5 개월	6 개월	7 개월	8 개월
FY		0 FY	1 FY	1 FY	1 FY	1 FY	1 FY	1 FY	2 FY	2 FY
년도		2022 년	2022 년	2022 년	2023 년	2023 년	2023 년	2023 년	2023 년	2023 년
차입금		2022-10-31	2022-11-30	2022-12-31	2023-01-31	2023-02-28	2023-03-31	2023-04-30	2023-05-31	2023-06-30
기초			120,000	120,000	120,000	120,000	120,000	120,000	120,000	120,000
증가	120,000	120,000								
감소	120,000									
기말		120,000	120,000	120,000	120,000	120,000	120,000	120,000	120,000	120,000
보증금										
기초			30,000	30,000	30,000	30,000	30,000	30,000	30,000	30,000
증가	30,000	30,000								
감소	30,000									
기말		30,000	30,000	30,000	30,000	30,000	30,000	30,000	30,000	30,000
자본금										
기초			72,000	72,000	72,000	72,000	72,000	72,000	72,000	72,000
증가	72,000	72,000								
감소	72,000									
기말		72,000	72,000	72,000	72,000	72,000	72,000	72,000	72,000	72,000
자산	합계	2022-10-31	2022-11-30	2022-12-31	2023-01-31	2023-02-28	2023-03-31	2023-04-30	2023-05-31	2023-06-30

시트 탭: A&R | NOI | Index | FS_detail | RE | IS | BS | CF | IS(FY) | BS(FY) | CF(FY) | 엑셀연습 | 엑셀 단축키

델에서 3이라고 보이면 3백만 원임). 단위는 모델 작성자가 정의하기 나름인데 재무모델은 일반적으로 백만(원) 단위로 많이 작성한다.

FS_Detail 시트 E열에 끌어온 숫자를 바탕으로 각 계정의 기초, 증가, 감소, 기말 숫자를 완성한다. 이렇게 A&R에 가정한 숫자를 FS_Detail 시트 E열에 끌어오고 이를 활용하여 K열부터 기초, 증가, 감소, 기말을 완성하는 이유는 모델 작업의 효율성을 끌어올리기 위함이다. 차입금에 해당하는 11행부터 14행까지의 엑셀 수식 논리는 행 높이만 다를 뿐, 보증금 22행~25행, 자본금 27~30행 수식의 논리와 같다. 동일한 시기에 차입과 자본이 조달된다고 가정하였기에 차입금 작성 논리를 바탕으로 보증금과 자본금도 수월하게 작성할 수 있다. 엑셀 기능 중 달러($) 표시를 활용한 행렬 고정 기능과 다양한 복사 붙여넣기 기능을 익히면 보다 빠르고 효과적으로 모델을 작성할 수 있다. 주요 엑셀 기능에 대해서는 다시 설명하겠다.

차입금

11행 수식 : =J14

12행 수식 : =$E12*Index!K$12

13행 수식 : =(K11+K12)*Index!K$15

14행 수식 : =K11+K12-K13

보증금

22행 수식 : =J25

23행 수식 : =$E23*Index!K$12

24행 수식 : =(K22+K23)*Index!K$15

25행 수식 : =K22+K23-K24

자본금

27행 수식 : =J30

28행 수식 : =$E28*Index!K$12

29행 수식 : =(K27+K28)*Index!K$15

30행 수식 : =K27+K28-K29

위의 수식들을 보면 차입금, 보증금, 자본금이 행높이만 다를 뿐 같은 수식 구조로 이루어져 있음을 확인할 수 있다. 참고로 11행, 22행, 27행은 기초 숫자로 전달의 기말 숫자를 끌어왔고 14행, 25행, 30행은 기말 숫자로 기초 + 증가 - 감소 = 기말 수식으로 작성된 것을 알 수 있다.

Index!K$12, Index!K$15처럼 수식에 "!"가 들어가 있는 것을 볼 수 있는

데 이는 다른 시트에서 수식을 가져왔을 때 표시된다. Index 시트는 타 시트 작성에 도움을 주는 보조시트로 기간 가정 등을 주로 담는다(커리어짐 네이버 블로그 : blog.naver.com/careergym2020 - 를 확인하면 Index 시트에 대한 보다 자세한 설명을 참고할 수 있다).

Step 2	FS_Detail에 작성한 계정의 증가 항목을 현금계정에 붙여넣기

자금조달 단계, 작성순서 Step2

완성된 차입금, 보증금, 자본금 계정의 증가 항목을 CF 시트 현금계정 유입(증가)에 붙여 넣는다. 참고로 각 계정들의 기초 기말 금액은 [기초 = 전기의 기말], [기말 = 기초 + 증가 - 감소] 수식에 따라 자동 완성된다.

FS_Detail 시트에 차입금 증가단계 부분을 복사하는 모습

	A	B C	D	E	H	I	J	K	L	M	N
1	FS_detail										
2											
3		시작일						2022-10-31	2022-11-01	2022-12-01	2023-01-01 20:
4		종료일						2022-10-31	2022-11-30	2022-12-31	2023-01-31 20:
5		누적개월수						0 개월	1 개월	2 개월	3 개월
6		FY						0 FY	1 FY	1 FY	1 FY
7		년도						2022 년	2022 년	2022 년	2023 년
8											
9		부채, 자본			합계			2022-10-31	2022-11-30	2022-12-31	2023-01-31 20:
10		차입금									
11		기초						-	120,000	120,000	120,000
12		cf 증가	120,000		120,000			120,000			
13		cf 감소			120,000			-	-	-	-
14		기말						120,000	120,000	120,000	120,000

CF 시트에 붙여넣기 하여 차입으로 인한 현금유입을 완성하는 모습, 보증금 및 자본금 조달도 위와 같은 과정을 거친다.

	A	B C D	E	H	I	J	K	L	M	N	O
43											
44		재무활동으로 인한 현금흐름			합계		2022-10-31	2022-11-30	2022-12-31	2023-01-31	2023-02-28 202:
45		현금유입			120,000		120,000	-	-	-	-
46		차입			120,000		120,000	-	-	-	-
47		보증금유입									
48		자본금조달									
49											
50		현금유출									
51		부채상환									

Step 3   각 계정 기말금액 BS에 붙여넣기, 차대변 검증

자금조달 단계, 작성순서 Step3

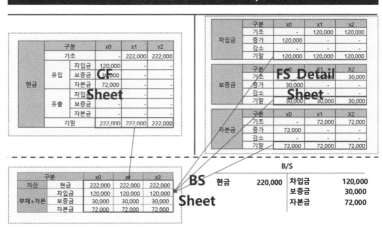

현금 계정까지 완성이 되었으면 자금조달 단계에서 모든 계정 작성이 완료된 것이다. 마지막으로 차변과 대변의 합계가 일치하는지, 회계항등식이 유지가 되는지 검증하는 단계가 남았다. 이를 위해 BS시트를 작성한다. BS시트를 작성해 자산 = 자본 + 부채 등식이 성립하는지 최종 확인해준다. BS시트는 증가, 감소가 모두 일어난 후 기말 금액을 표시하는 것이므로, CF의 각 기말 금액을 가져와 표시하는 것이다.

BS시트, 현금 기말금액을 CF 시트에서 가져온 모습

	A	B	C	D	E	I	J	K	L	M	N
	SUM			× ✓ ƒx	=CF!K63						
7		년도						2022 년	2022 년	2022 년	2023 년
8											
9			구분		합계			2022-10-31	2022-11-30	2022-12-31	2023-01-31
10		자산						222,000	222,000	222,000	222,000
11			건물					-	-	-	-
12			현금					=CF!K63	222,000	222,000	222,000
13											
14											
15		부채와 자본						222,000	222,000	222,000	222,000
16											
17		부채						150,000	150,000	150,000	150,000
18											
19			차입금					120,000	120,000	120,000	120,000
20			보증금					30,000	30,000	30,000	30,000

A&R | NOI | index | FS_detail | RE | IS | BS | CF | IS(FY) | BS(FY) | CF(FY) | 엑셀연습 | 엑셀 단축키

BS시트, 부채 기말 항목을 FS_detail에서 가져온 모습

	A	B	C	D	E	I	J	K	L	M	N
13											
14											
15		부채와 자본						222,000	222,000	222,000	222,000
16											
17		부채						150,000	150,000	150,000	150,000
18											
19			차입금					=FS_detail!K$14		120,000	120,000
20			보증금					30,000	30,000	30,000	30,000
22											
23		자본						72,000	72,000	72,000	72,000
24											
25			자본금					72,000	72,000	72,000	72,000
26			이익잉여금					-	-	-	-
27											

A&R | NOI | index | FS_detail | RE | IS | BS | CF | IS(FY) | BS(FY) | CF(FY) | 엑셀연습 | 엑셀 단축키

BS시트를 작성하고 자산 총계와 부채와 자본의 총계(위 사진에서 초록색 부분)이 각 기별로 일치하는지 확인한다. 지금은 매 기 별로 회계항등식이 성립해 자산 = 부채 + 자본이 성립함을 볼 수 있다. 정리하면 A&R시트에 정리된 자금조달 구조를 바탕으로 다음과 같은 순서로 시트를 완성해간다.

FS_Detail 시트에 계정 상세 완성하기

FS_Detail 시트에 작성한 계정을 바탕으로 CF시트 현금계정 완성하기

BS 시트 완성하고, 회계항등식 검증

투자 가정 작성하기

시트 구성

자산(Asset)	부채(Debt)
건물 2,120억 원 현금 100억 원	차입금 1,200억 원 보증금 300억 원
	자본(Equity)
	자본금 720억 원

자산(건물)매입 단계에서는 건물 계정이 생성된다. 조달해 온 현금이 건물을 매입하면서 쓰여 매입금액만큼 감소하게 된다.

자산매입 각 계정, 상세

현금

구분		x0	x1	x2
기초		-	10,000	10,000
유입	건물	-		
유입	차입금	120,000	-	-
유입	보증금	30,000		
유입	자본금	72,000		
유출	건물	212,000	-	-
유출	차입금	-	-	-
유출	보증금	-		
유출	자본금	-		
기말		10,000	10,000	10,000

건물

구분	x0	x1	x2
기초	-	212,000	212,000
증가	212,000	-	-
감소	-	-	-
기말	212,000	212,000	212,000

차입금

구분	x0	x1	x2
기초	-	120,000	120,000
증가	120,000	-	-
감소	-	-	-
기말	120,000	120,000	120,000

보증금

구분	x0	X1	X2
기초	-	30,000	30,000
증가	30,000	-	-
감소	-	-	-
기말	30,000	30,000	30,000

자본금

구분	x0	x1	X2
기초	-	72,000	72,000
증가	72,000	-	-
감소	-	-	-
기말	72,000	72,000	72,000

건물을 자금조달과 마찬가지로 X0기에 매입하였다고 가정하고 시기와 단계를 구분하여 표현하면 위와 같다. 건물을 매입할 때는 현금을 주고 사오는 것이므로 건물 계정 증가항목이 212,000(백만)원이 생기는 만큼 현금 계정 유출항목이 212,000(백만)원 발생하게 된다.

자산매입 단계 시트 분류

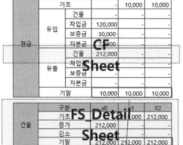

구분		x0	x1	x2
기초		-	10,000	10,000
유입	건물	-		
유입	차입금	120,000	-	-
유입	보증금	30,000		
유입	자본금	72,000		
유출	건물	212,000	-	-
유출	차입금	-		
유출	보증금	-		
유출	자본금	-		
기말		10,000	10,000	10,000

건물

구분	x0	x1	x2
기초	-	212,000	212,000
증가	212,000	-	-
감소	-	-	-
기말	212,000	212,000	212,000

차입금

구분	x0	x1	x2
기초	-	120,000	120,000
증가	120,000	-	-
감소	-	-	-
기말	120,000	120,000	120,000

보증금

구분	x0	X1	X2
기초	-	30,000	30,000
증가	30,000	-	-
감소	-	-	-
기말	30,000	30,000	30,000

자본금

구분	x0	x1	X2
기초	-	72,000	72,000
증가	72,000	-	-
감소	-	-	-
기말	72,000	72,000	72,000

구분		x0	x1	x2
자산	현금	10,000	10,000	10,000
자산	건물	212,000	212,000	212,000
부채+자본	차입금	120,000	120,000	120,000
부채+자본	보증금	30,000	30,000	30,000
부채+자본	자본금	72,000	72,000	72,000

B/S

현금	10,000	차입금	120,000
건물	212,000	보증금	30,000
		자본금	72,000

작성한 계정들을 바탕으로 BS, CF, FS_Detail 시트로 나누면 위와 같이 분류할 수 있다. 자금조달 구조 작성 시처럼 각 계정을 작성하고 난 후, BS 시트에 기말 금액을 옮겨와 검증하는 절차를 거쳐야 한다.

자산매입 가정 엑셀에 작성해 보기

Step 1 FS_Detail 작성

자산매입 단계, 작성순서 스탭1

	구분	x0	x1	X2
	기초	-	222,000	222,000
	건물			
유입	차입금	120,000	-	
	보증금	30,000	-	
	자본금	72,000	-	
	건물		-	
유출	차입금		-	
현금	보증금		-	
	자본금		-	
	기말	222,000	222,000	222,000

	구분	x0	x1	X2
	기초	-	212,000	212,000
건물	증가	212,000		
	기말	212,000	212,000	212,000

	구분	x0	x1	x2
	기초	-	120,000	120,000
차입금	증가	120,000	-	-
	감소	-	-	-
	기말	120,000	120,000	120,000

	구분	x0	x1	x2
	기초	-	30,000	30,000
보증금	증가	30,000	-	-
	감소	-	-	-
	기말	30,000	30,000	30,000

	구분	x0	x1	x2
	기초	-	72,000	72,000
자본금	증가	72,000	-	-
	감소	-	-	-
	기말	72,000	72,000	72,000

FS_Detail Sheet 먼저 작성

	구분	x0	x1	x2
자산	현금	222,000	222,000	222,000
	건물	-		
	차입금	120,000	120,000	120,000
부채+자본	보증금	30,000	30,000	30,000
	자본금	72,000	72,000	72,000

• 차변의 증가, 차변의 감소

자금조달 논리에서는 대변의 숫자가 증가할 때, 차변인 현금도 동시에 증가하면서 회계항등식이 성립되었다. 자산매입의 경우 대변의 증감 없이, 차변에서의 증감이 동시에 발생했기 때문에 회계항등식이 성립한다. 건물 매입으로 발생하는 현금 유출액만큼 자산에 건물 계정이 증가하기 때문이다.

자본조달 구조를 짤 때와 마찬가지로 현금은 영향을 주고받는 계정들이 많기 때문에 건물 계정을 먼저 완성하고 그 증감을 현금 계정에 복사 붙여넣기 하는 방식으로 작성한다.

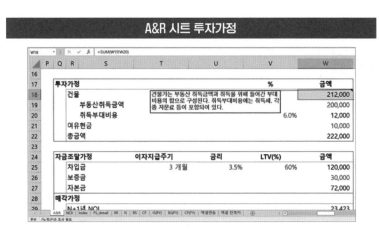

A&R 시트 투자가정

A&R 시트 투자 가정에 작성해 둔 것을 바탕으로 FS_Detail 시트의 계정들을 작성한다.

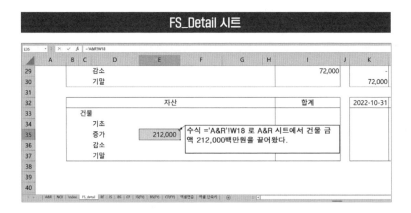

FS_Detail 시트

A&R 시트에 정리해둔 건물 212,000(백만)원을 FS_Detail 시트에 수식을 이용해 끌어온다. 참고로 건물가는 부동산 취득금액과 취득을 위해 들어간 부대비용의 합으로 구성된다. 취득 부대비용에는 취득세, 각종 자문료 등이 포함된다. FS_Detail 시트 E열에 끌어온 숫자를 바탕으로 건물 계정의 기초, 증가, 감소, 기말 숫자를 완성한다.

완성된 FS_Detail 시트

　FS_Detail 시트 E열에 끌어온 숫자를 바탕으로 건물 계정의 기초, 증가, 감소, 기말 숫자를 완성한다.

Step 2 　FS_Detail에 작성한 계정의 증가 항목을 복사, 현금계정에 붙여넣기

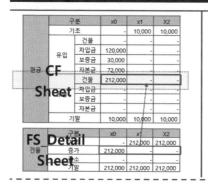

자산매입 단계, 작성순서 Step2

완성된 건물 계정의 증가 항목을 복사하여 CF 시트 현금계정 유출(감소)에 붙여 넣는다. 자본조달 케이스Case와 달리, 자산 항목의 증가는 현금을 감소시킨다. 건물 계정이 증가한 만큼 현금 계정 항목의 유출이 발생하였기 때문에 전체 자산의 합계는 변화가 없다.

FS_Detail 시트에서 건물증가 단계를 복사하는 모습

CF 시트, FS_Detail 시트에서 작성한 건물증가 항목을 CF시트 현금 유출에 붙여넣는다.

Step 3   각 계정의 기말금액 BS에 붙여넣기, 차대변 검증

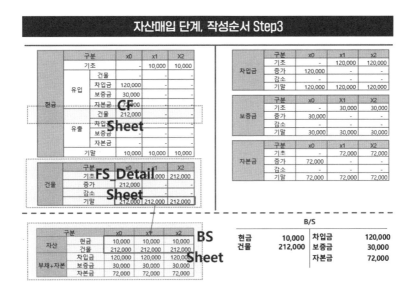

자산매입 단계, 작성순서 Step3

    현금 계정까지 완성이 되었으면 자산 매입 단계에서 모든 계정의 작성이 완료된 것이다. 마지막으로 차변과 대변의 합계가 일치하는지, 회계항등식이 유지가 되는지 검증하는 단계가 남았다. 이를 위해 BS 시트에 건물 계정을 작성한다. 그리고 자산 = 자본 + 부채 등식이 성립하는지 최종 확인한다.

BS시트, 건물 기말금액을 FS_Detail 시트에서 가져온 모습

자금조달 가정과 투자 가정을 통해 재무모델 시트 간 작성 순서와 논리에 대해 익혀 보았다. 재무모델 작성은 위에서 반복했던 방식을 통해 작성된 가정들이 하나하나 합쳐져 하나의 전체 재무모델을 이룬다.

재무모델 작성은 앞서 언급하였듯이 회계원리, 엑셀을 다루는 능력, 부동산업의 이해 등 다방면으로 일정 수준의 지식이 필요한 일이다. 따라서 단시간에 익히기가 쉽지 않다. 여기에서는 재무모델 작성의 기초적이면서 가장 중요한 원리를 중심으로 서술하였다. 이러한 원리를 기반에 두고 익힌다면 보다 빠르게 재무모델 작성법을 터득할 수 있을 것이다. 자금조달, 투자가정 외의 기타 이외의 가정들에 관한 자세한 작성방법은 커리어짐 강의 및 커리어짐 블로그에 업로드되어 있으니 필요한 부분은 참고하길 바란다.

PART 2

엑셀 기능, 함수 및 세금 요약

재무모델 작성을 위해 필수적으로 익혀야 할 엑셀 기능

리본 메뉴

엑셀의 상단에 엑셀 기능을 표시한 '리본 메뉴'가 있다. 보통 마우스로 리본메뉴 기능을 찾는다. 하지만 이 방법은 재무모델 작성 속도를 향상시키는데 한계가 있다. 재무모델 작성 속도를 높이기 위해, 리본 메뉴 기능을 키보드로 찾는 방법을 필수적으로 익혀야 한다.

키보드로 리본 메뉴 기능을 찾기 위해서는 'ALT'키를 사용하여야 한다. ALT키를 누르면 다음 페이지의 그림과 같이 알파벳이 나온다.

홈에 있는 리본 메뉴 기능을 사용하고 싶으면 ALT키를 눌러 생성된 알
파벳 중 H를 누른다. 그럼 홈 메뉴 카테고리에 해당하는 기능들의 알파벳
이 아래와 같이 나온다. 예를 들어 셀 색을 바꾸고 싶으면 ALT, H, H를 차
례대로 누르고 원하는 색깔을 찾아 ENTER 키를 누르면 된다.

ALT, H 적용, 홈 카테고리

필자가 주로 많이 사용하는 리본 메뉴 기능은 다음과 같다.

- 셀 색 채우기 : ALT, H, H

- 글자색 바꾸기 : ALT, H, F, C

- 백분율로 양식 바꾸기 : ALT, H, P

- 소수점 자릿수 늘리기 : ALT, H, 0

- 소수점 자릿수 줄이기 : ALT, H, 9

- 글자 굵게 : ALT, H, 1

- 틀 고정 : ALT, W, F, F

- 눈금 선 : ALT, W, V, G

빠른 실행 도구 모음 사용자 지정

리본 메뉴 기능을 실행하는 방법에 대해서 설명하였지만 이것조차도 불편하다고 느낄 수 있다. ALT 키를 포함하여 알파벳을 몇 개나 더 눌러야 실행되기 때문이다. 이러한 불편함을 없애기 위해 특별히 많이 쓰는 리본 메뉴는 ALT키와 숫자키의 조합으로 지정할 수 있다.

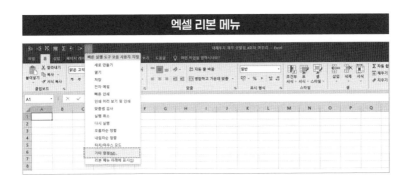

위의 친 표식>기타 명령>모든 명령을 들어가면 다음과 같은 화면이 뜬다.

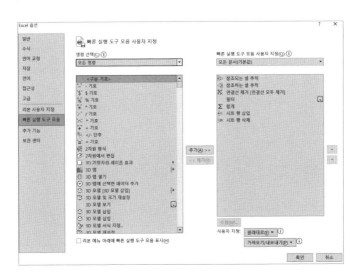

왼쪽에 나열된 리본 메뉴 중 자주 쓰는 기능을 추가하여 오른쪽에 정렬해 둔다. 위에서부터 차례대로 1,2,3… 순서로 번호가 지정되어 ALT, 숫자 조합으로 빠르게 실행시킬 수 있다.

필자가 주로 지정해 놓는 리본 메뉴는 다음과 같다.

- ALT, 1 : 참조되는 셀 추적

- ALT, 2 : 참조하는 셀 추적

- ALT, 3 : 연결선 모두 제거

- ALT, 4 : 필터

- ALT, 5 : 합계

- ALT, 6 : 시트 행 삽입

- ALT, 7 : 시트 행 삭제

③ 수식값 분석을 위한 단축키

앞선 설명에서 재무모델은 수식값과 입력값Key-In으로 구성되어 있다고 언급했다. 수식값은 다양한 함수와 수식을 활용하기 때문에 어떤 셀을 참조하였는지 빠르게 확인할 수 있어야 한다.

참조되는 셀 추적 기능은 수식값의 구조를 시각적으로 빠르게 찾을 수 있도록 도와준다. 아래 W4셀의 차입금은 O25셀과 V4 셀의 곱으로 구성되어 있다. 참조되는 셀 추적 기능을 활용하면 화살표 표시가 생기면서 수식값을 구성하는 셀들이 어디에 있는지 표시된다. 참조되는 셀 추적 기능은 리본 메뉴 [수식] 카테고리에 포함되어 있으며, 단축키는 ALT, M, P를 차례대로 누르면 된다. 이 기능은 재무모델 작성 및 검토에 매우 유용하므로 빠른 실행 도구 모음 사용자로 지정해놓으면 보다 편리하게 쓸 수 있다.

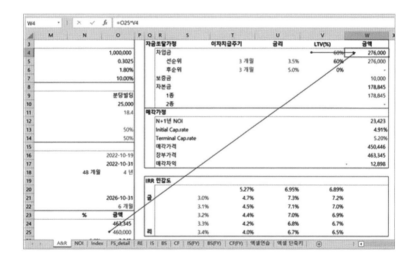

• F2키

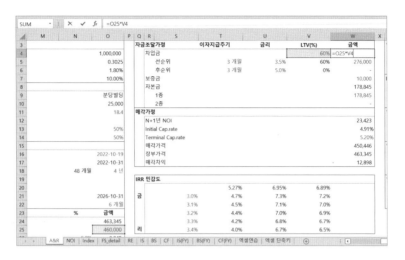

F2키도 참조되는 셀을 찾을 때 유용하게 활용할 수 있다. 수식 값에 "F2" 키를 누르면 수식을 색깔로 구분한 것을 확인할 수 있다. 위 W4셀의 차입금 수식이 = O25*V4로 짜여 있는데, O25는 파란색으로 V4는 빨간색으로 구분지어 보다 디테일하게 참조되는 셀을 찾을 수 있도록 도와준다.

• 참조하는 셀 추적

'참조하는 셀 추적' 기능은 '참조되는 셀 추적' 기능과 반대로 현재 셀이 어느 셀 값에 영향을 주는지 표시한다. 참조하는 셀 추적 기능은 리본 메뉴 [수식] 카테고리에 포함되어 있으며, 단축키는 ALT, M, D이다. 참고로 화살표 연결선을 제거하기 위해서는 [수식] 카테고리에 [연결선 제거]를 클릭하거나 단축키 ALT, M, A를 차례대로 누르면 된다.

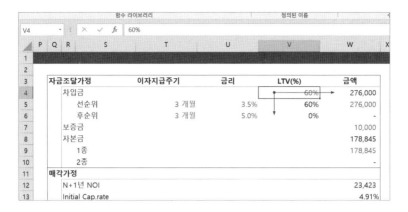

• 참조가 다른 시트에 있을 때

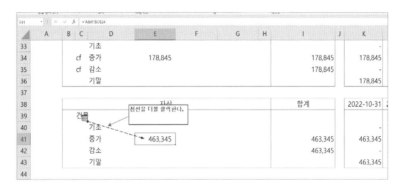

참조되는 셀이 현재 화면 시트에 있지 않고 다른 시트에 있다면, [참조되는 셀 추적하기] 기능을 사용하면 아래와 같이 점선의 화살표가 나타난다. 점선을 더블클릭하면 '이동' 메뉴가 나타나고 이동할 셀을 선택하면 참조되는 시트의 셀로 이동할 수 있다.

참고로 유사한 기능으로 CTRL를 누른채로 " ["(대괄호) 키를 누르면 참조되는 셀로 바로 이동한다. 특히 이 기능은 다른 시트에 참조가 걸려있을 때 빠르게 해당하는 시트로 이동할 수 있어 유용하다. 예를 들어 아래 건물 자산가에 해당하는 463,345백만 원처럼 A&R시트에서 수식을 활용해 끌어왔다면, CTRL + [키를 누르면 A&R시트 해당하는 셀로 즉시 이동할 수 있다.

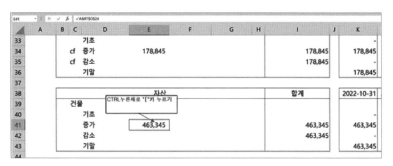

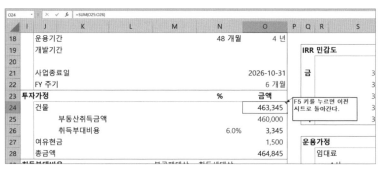

CTRL, [키를 활용해 참조되는 셀의 시트로 이동했다면, 다시 원 시트로 돌아가고 싶다면 F5키를 누르고 Enter 키를 누르면 원 시트로 돌아간다. 재무모델은 여러 시트가 복잡하게 얽혀 있으므로 다양한 참조하기 기능들을 활용한다면 모델 작성 및 검토 속도를 높일 수 있다.

- CTRL + [: 참조되는 셀로 이동

- F5 + Enter : 이전 시트로 이동

복사 붙여넣기와 셀 고정하기

• 선택하여 붙여넣기

CTRL + C로 복사한 뒤 '선택하여 붙여넣기' 기능을 활용하면, 다양한 방식으로 붙여넣기를 할 수 있다. 선택하여 붙여넣기는 CTRL + C로 해당 영역을 복사한 뒤, 붙여 넣을 곳에 ALT, E, S를 차례대로 눌러 활성화할 수 있다. 간혹 선택하여 붙여넣기 기능이 실행이 안 된다고 토로하는 일이 있는데, 주로 해당 영역을 복사하지 않고 실행하려 할 때 발생하는 오류이니 참고 바란다.

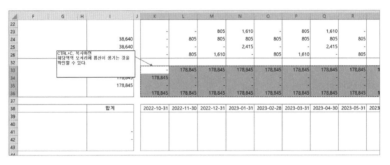

ALT, E, S 키를 누르면 위처럼 선택하여 붙여넣기 창이 활성화된다. 주로 많이 쓰는 선택하여 붙여넣기 기능은 다음과 같다.

- ALT, e, s, f : 수식 붙여넣기

- ALT, e, s, v : 값 붙여넣기

- ALT, e, s, t : 서식 붙여넣기

• 셀 고정, F4키

"F4"키는 참조되고 있는 셀의 행 또는 열을 고정시키는 기능이다. 수식 값에 F4키를 누르면 $표시가 생성되는 것을 확인할 수 있는데 한 번 누르면 행렬 모두에 $표시가 뜨면서 고정, 두 번 누르면 행만, 세 번 누르면 열만, 네 번 누르면 $ 표시가 모두 사라지면서 고정이 해제된다. 셀 고정 기능은 다양한 엑셀 함수와 결합하여 쓰이므로 자유자재로 쓸 수 있도록 익혀 두어야 한다.

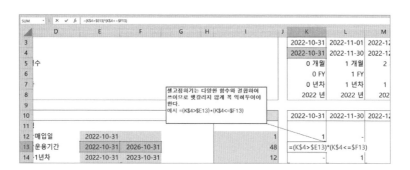

- F4 1번: 행(가로, 알파벳) 고정 & 열(세로, 숫자) 고정

- F4 2번: 행(가로, 알파벳) 고정 & 열(세로, 숫자) 이동

- F4 3번: 행(가로, 알파벳) 이동 & 열(세로, 숫자) 고정

- F4 4번: 행(가로, 알파벳) 이동 & 열(세로, 숫자) 이동

재무모델 작성을 위해 필수적으로 익혀야 할 엑셀 함수

EOMONTH 함수

재무모델은 일간 기준이 아닌 '연간' 또는 '월간' 기준으로 작성한다. '연간'은 가정이 단순하여 초기 투자 검토 단계에서 작성하며, 본격적인 투자 검토에 돌입하면 '월간'으로 모델을 짜게 된다.

월간으로 짤 때, 주의해야 하는 것은 '기준이 되는 날은 매월의 말이라는 점'이다. 따라서 특정 달의 기중에 발생한 일들은 모두 월말에 발생한 것으로 가정한다. Eomonth 함수는 기중의 날짜를 월말로 변환할 때 쓰이며, 월간 모델을 짤 때 유용하다.

- EOMONTH(start date, months): 특정 달의 마지막 날짜 구하기

startdate : 기준이 되는 시작 날짜, months: 이전(-) 또는 이후(+) 개월 수

예: Eomonth(2022/11/11,0) = 2022/11/30

Eomonth(2022/11/11,1) = 2022/12/31

Eomonth(2022/11/11,12) = 2023/11/30

Eomonth(2022/11/11,-1) = 2023/10/31

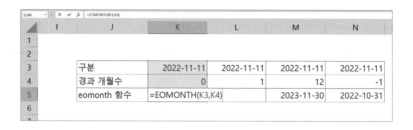

부등호 함수, TRUE/FALSE

엑셀에서는 부등호를 사용하여 두 값을 비교할 수 있다. 부등호를 사용하여 두 값을 비교할 경우 결과는 TRUE나 FALSE 값이 도출된다.

- = : 같음(예시 =A1=B1)

- 〉 : 보다 큼(예시 =A1〉B1)

- 〈 : 보다 작음(예시 =A1〈B1)

- 〉= : 크거나 같음(예시 =A1〉=B1)

- 〈= : 작거나 같음(예시 =A1〈=B1)

- 〈〉 : 같지 않음(예시 =A1〈〉B1)

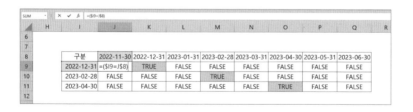

TRUE, FALSE 값은 각각 엑셀에서 "1"과 "0"으로 인식한다. 따라서 TRUE 값 수식에 1을 곱하면(*1) 결괏값이 1로 도출되고 FALSE 값 수식에 1을 곱하면(*1) 결괏값이 0으로 도출된다.

구분	2022-11-30	2022-12-31	2023-01-31	2023-02-28	2023-03-31	2023-04-30	2023-05-31
2022-12-31	=($I9=J$8)*1	1	0	0	0	0	0
2023-02-28	0	0	0	1	0	0	0
2023-04-30	0	0	0	0	0	1	0

그리고 TRUE, FALSE 값은 각각 엑셀에서 "1"과 "0"으로 인식한다는 점을 상기하면 TRUE와 TRUE의 곱은 1로 인식, TRUE와 FALSE 또는 FALSE와 FALSE의 곱은 0으로 인식하게 된다. 이러한 원리를 이용하여 아래와 같이 사업시작일부터 사업종료일 사이에 해당하는 사업 기간을 1로 표시할 수 있다.

구분		2022-11-30	2022-12-31	2023-01-31	2023-02-28	2023-03-31	2023-04-30	202
사업시작일	2022-12-31	FALSE	TRUE	TRUE	TRUE	TRUE	TRUE	TR
사업종료일	2023-03-31	TRUE	TRUE	TRUE	TRUE	TRUE	FALSE	FA
사업기간		0		=L9*L10	1	1	0	

J9셀 함수: =(J$8>=$I$9), 설명:(당월 >= 사업시작일)

J10셀 함수: =(J$8<=$I$10), 설명:(당월 <=사업종료일)

J10셀 함수: = J9*J10, 즉 8행의 나열된 날짜가 사업시작일 보다는 크거나 같아야 하고, 사업종료일 보다는 작거나 같아야 사업기간이 된다는 의미

IF 함수

IF함수는 작성한 논리가 TRUE, FALSE 일 때, 각각 경우에 따라 원하는 값이 표시되도록 하는 함수다.

- IF(logical_test, value_if_true, value_if_false)

- logical_test: TRUE나 FALSE로 판정될 논리/계산식

- value_if_true: logical_test의 결과가 TRUE일 때 표시될 값, 생략할 때 TRUE가 표시됨

- value_if_false: logical_test의 결과가 FALSE일 때 표시될 값, 생략할 때 FALSE가

  표시됨

위의 사례에 이어서 11행의 값이 1일 때, 그 값이 '사업기간'이라고 표현되길 원한다면 value_if_true 칸에 "사업기간"이라고 표시한다. 숫자가 아닌 문자로 표시하고 싶은 경우 쌍따옴표("")를 하고 입력해야 하는 점은 참고 바란다.

구분		2022-11-30	2022-12-31	2023-01-31	2023-02-28	2023-03-31	2023-04-30	2023-05-31	2023-06-30
사업시작일	2022-12-31	FALSE	TRUE	TRUE	TRUE	TRUE	TRUE	TRUE	TRUE
사업종료일	2023-03-31	TRUE	TRUE	TRUE	TRUE	TRUE	FALSE	FALSE	FALSE
사업기간		=IF(J9*J10=1,"사업기간","")	사업기간	사업기간	사업기간				

J11셀 함수:= IF(J9*J10=1,"사업기간"," ")

MOD 함수

MOD 함수는 나머지를 찾아주는 함수다. MOD 함수는 다른 함수와 응용하여 많이 쓰이며, 몇 개월 주기로 현금을 지급하거나 등의 양식을 만들 때 유용한 함수다.

- MOD(Number, Divisor), 설명: MOD(나눠지는 값, 나누는 값)= 나머지, MOD(7,2)=1

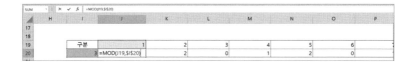

J20셀 함수: =MOD(J19,$I$20), 19행의 대상 값들을 3으로 나눴을 때, 결괏값은 0,1,2로

도출된다(3진법).

기타 재무모델에서 익혀두면 좋은 함수는 다음과 같다.

- COUNTIF: 선택된 범위에서 조건에 맞는 셀의 개수를 구하는 함수

- SUMIF: 주어진 조건에 의해 지정된 셀들의 합계를 계산하는 함수

- AVERAGEIF: 주어진 조건에 의해 지정된 셀들의 평균을 계산하는 함수

- ABS: 절댓값으로 변환해 주는 함수

투자 단계별 부과 세금 요약

투자 단계별 부과 세금을 요약하면 다음과 같다. 세금은 세법 개정에 따라 요율이 수시로 변경될 수 있기 때문에, 업무 진행 시 세무전문가(회계법인 등)를 통해 진행하는 것이 보다 안전하다.

취득 및 개발단계

구분	내용
취득세	- 부동산, 차량, 기계장비 등의 자산의 취득에 대하여 취득자에게 부과되는 세금(주로 등록신청을 하는 자산) - 과세물건을 취득하는 시기에 취득하는 자가 신고 납부해야 하며, 취득세를 납부하지 않으면 부동산 등기가 되지 않음 - 개발 단계 과정 중, 토지의 지목이 변경되어 가치가 상승하는 경우(예: 임야·대지)에도 취득세(2.2%)를 추가 납부해야 함 - 수도권 과밀억제권역에는 취득세 최고 3배 중과되지만, 집합투자기구에 대해서는 적용 없음
토지분	- 일반적인 부동산의 취득세율은 과세표준의 4.6%(농어촌 특별세 포함) - 토지 매입 과정 중에 발생한 직간접적 소요 비용이 과표에 포함될 수 있도록 해야 함 (토지매입가, 국민주택채권매입할인액, 운용사 지급 보수, 각종 실사 비용 등) ☞ 세무전문가(회계법인 등)에게 과표 산정 및 신고 업무를 대리하는 게 안전함
건물분	- 건물의 사용승인 시점에 소유권보존등기를 위해 취득세 납부 - 과표의 3.16% - 건물 신축과 관련하여 소요된 직간접적인 비용 포함 ☞ 세무전문가(회계법인 등)에게 과표 산정 및 신고 업무를 대리하는 게 안전함
과밀부담금	- 과밀억제권역(현재 : 서울시)에 인구집중유발시설 중 업무용 건축물, 판매용 건축물 등을 건축하려는 자 - 대상 면적(주차장 면적 등 제외)에 표준건축비(2023년 2월 현재, 2백2십5만7천 원/㎡)를 곱한 금액
상수도시설원인자부담금	- 수도공사를 하는데 비용 발생의 원인을 제공하는 자 또는 기존 수도시설의 변경을 하려는 자 - 수도공사와 협의하여야 하며, 외곽지역에 위치하는 물류창고 등의 경우에는 지하수를 이용하여 해당 부담금을 납부하지 않는 일도 있음(사전 실사 때 확인 사항)
하수도시설원인자부담금	- 건축물을 신축 혹은 용도 변경하여 오수가 일정량 이상 증가되는 경우 공공 하수도 개축 비용의 전부 또는 일부를 부담하게 함 - (건축 연면적 - 주차장 면적)/기준 오수 발생량 = 일일 오수 발생량 - 일일 오수 발생량 x 단위 원가(지역별 차이 있음)
개발부담금	- 교통시설 및 물류시설 용지 조성 사업, 도시개발사업, 지목 변경이 수반되는 사업 등 - 개발개시 시점의 지가가 종료 시점의 지가 대비 상승한 분에 대하여 부과하는 부담금으로써, 순공사비, 조사비, 설계비 등을 제한 금액을 반영하여 산출 - 일반적으로 개발부담금 산출 컨설팅 업체를 고용하여 진행
광역교통시설부담금	- 대도시권에서 개발되는 사업으로서 택지 개발사업, 도시개발사업, 주택 개발사업 등에 건축 사업을 진행하는 경우, 표준 개발비(2023년 현재, 2십9만9천3백5십/㎡)에 개발면적 및 용적률 등을 고려하여 부과
미술작품설치비용	- 대통령령으로 정하는 종류 또는 규모(연면적 10,000㎡) 이상의 건축물을 건축하려는 건축주는 건축 비용의 일정 비율에 해당하는 금액을 미술작품 설치에 사용하여야 함 - 전체 연면적에 주차장, 기계실, 전기실 등의 면적을 제외하여 표준건축비(2023년 현재, 2백2십5만7천 원/㎡)와 일정 요율을 반영하여 산출

※ 표준건축비: 수도권정비계획법 제14조 규정에 따른 과밀부담금 부과를 위해 매년 국토교통부가 고시

※ 표준개발비: 대도시권 광역교통관리에 관한 특별법 제11조의3 제4항에 따른 광역교통시설 부담금 부과를 위해 국토교통부가 고시(2013년 고시 후 변동 없음)

운용단계

구분	내용
재산세	- 토지, 건물, 선박, 항공기의 소유에 대하여 부과 - 집합투자기구가 보유한 상업용 부동산 토지에 대해서는 분리과세 혜택(토지: 개별공시지가의 0.2%, 건물: 개별공시지가의 0.25%)
종합부동산세	- 분리과세로 구분되지 않은 토지에 대해서 부과
부가가치세	- 제품이나 용역의 모든 단계에서 산출된 부가가치에 대해 부과하는 세금 - 집합투자기구가 부동산을 소유하여 임대 사업을 영위하면 집합투자기구를 집합투자업자의 지점 사업자로 과세

매각단계

구분	내용
양도소득세	- 양도에 따른 매각차익에 대해 과세 - 집합투자기구의 이익을 투자자에게 배당으로 지급할 때 배당소득으로 과세(양도소득세 없음)

알아두면 유용한
실무관련 팁

회사에서 누구도 친절히 알려주지 않지만 일종의 암묵
적인 규칙처럼 지켜져야 하는 것들이 있다. 특히 금융권
에서는 자료의 보안 등이 강력히 요구되어 이제 막 금융
권에 취업했거나 다른 업종에서 이직해온 경우 금융권
에서 저질러서는 안 되는 실수를 종종 범하기도 한다.
이런 내용을 중심으로 실제 업무를 할 때 범해서는 안
되는 실수, 그리고 알고 있으면 도움이 되는 사소하지만
도움이 되는 업무 팁(Tip)들을 공유한다.

업무를 할 때 알아두면
좋은 팁들

정보 보안

　금융권 회사뿐만 아니라 모든 회사가 사내 자료에 대해 철저히 보안을 지킬 것을 요구한다. 특히 금융권에서는 더더욱 그렇다. 사내의 문서들을 함부로 외부로 반출해서는 안 된다. 또한 외부로 뿐만 아니라 사내에서 타 부서가 요청하더라도 반드시 그 목적과 사용처를 묻고, 상급자에게 확인 후 자료를 전달해야 한다.

　사내 메신저 등으로 자료의 제공 목적도 밝히지 않고 특정 자료의 송부를 요청하는 일이 종종 있다. 이는 매우 큰 결례이므로 이와 같은 방식으로 자료 요청을 하지 않길 바란다. 외부로부터 자료를 주고받을 때는 항상 회사 메일을 통해, 그리고 팀 또는 상급자를 포함하여 주고받아야 한다. 회사 메일을 통하는 이유는 기록을 관리하기 위함이고, 팀 또는 상급자를 포함하는 이유는 나의 상급자와 팀에게 어떤 부서에게 어떤 자료가 전달되었는지 공유하기 위함이다. 자료를 첨부하여 회신하는 메일에는 어떤 목적으로 자료를 발송하며, 자료를 언급된 목적으로만 사용하길 당부하는 말을 같이 남긴다.

또한 가능하다면 목적에 불필요하다고 생각되는 정보는 제외하는 것이 좋다. 예를 들어, 운용자산의 임대료 확인 목적으로 렌트롤을 공유해달라고 요청받았다면 임대 기간은 삭제하고 보내는 것이다(다만 위와 같은 상황 판단을 하기 위해서는 2~3년 정도의 업무 경험이 필요하다. 'A라는 목적이면 B라는 정보만 필요할 텐데'라는 판단 능력이 필요하므로 업무에 충분히 익숙해지고 난 다음 활용하길 바란다). 이때 혹여나 그 자료가 외부에 무단 반출되더라도 임대 기간 정보는 유출되지 않게 된다.

예시

○○○ 대리님 안녕하십니까, A입니다.
신규 투자 검토 건으로 요청하신 서울 CBD 권역 운용자산의 렌트롤 자료를 송부합니다. 요약본(Summary Sheet)의 좌측 상단에서 각 층별 임차인명과 임대조건을 확인하실 수 있습니다.
렌트롤 자료는 각 자산의 중요자료이므로 내부 검토용으로만 활용하시길 부탁드리며, 보안에 유의하여 주시기 바랍니다.
감사합니다.

A드림

협업과 커뮤니케이션

A. 타사 및 타 부서와 협업

부동산 자산운용사는 타사, 또는 사내 유관부서와 협업할 일이 많다. 자료의 요청 또는 자료 확인을 요청해야 할 일이 생길 경우 상대방에게 충분한 시간을 주고 요청해야 한다. 일의 시급성, 그리고 난이도에 따라 충분한 시간의 기준은 조금씩 변한다. 이는 독자가 자신의 경험을 통해 판단해야 한다. 다만 업무가 정말 시급한 상황이 아니라면 최소한 2영업일 정도는 회신 기한을 주는 것이 좋다. 매번 급하게 요청하고 급하게 회신을 받으면 실수가 발생할 수 있는 여지가 많아진다. 업무의 타임라인을 잘 관리하는 것도 능력이다.

B. 커뮤니케이션

상급자의 지시로 보고서 자료를 작성한다고 가정해 보자. 자료 작성에서 화려한 PPT 스킬이나 방대한 자료 조사도 중요하겠지만, 더 중요한 것은 나의 상급자가 원하는 방향과 맞느냐다. 일단 최초 단계에서 이 업무가 왜 진행되어야 하는지에 대해 정확히 이해하고, 이를 바탕으로 업무에 착수하는 것이 가장 좋다. 상급자의 의도와 업무 전달 내용 중 이해가 가지 않는 부분이 있다면 짐작하지 말고 반드시 질문을 통해 확인하자.

실제 업무에 착수해서 목차/또는 순서를 먼저 짜보고, 그 목차를 상급자 및 팀원들과 공유하여 작성의 방향이 맞는지 확인하자. 작성 기간이 3주라면, 3일 정도는 목차를 작성하는데 집중한다. 1주일~10일 정도 지났을 정도에는 초안을 상급자에게 공유하고 피드백을 받는 것이 좋다. 기한에 딱 맞추어 결과물을 가져가면 안 된다. 주니어가 작성하는 자료는 높은 확률로 보완사항이 생길 가능성이 높다. 상사의 의견과 수정 요청을 두려워하지 말자. 의견을 받았다고 해서 틀린 것이 아니라, 더 좋은 방향으로 가기 위해 다듬는 것이다.

저연차 직원일 때는 업무의 기본, 즉 어떻게 하는지에 대한 노하우 Know-How가 중요하다. 하지만 연차가 쌓이게 되면 노하우보다는 노웨어 Know-Where가 더욱 중요해진다. 노웨어는 어떤 사람이 어떤 업무를 하고 있는지를 적시에 파악하는 것을 말한다. 연차가 쌓이면 혼자 실무를 모두 담당할 수는 없다. 일부 업무는 위임해야 한다. 노웨어를 생각하며 업무를 위임하고 제때 확인해야 한다. 이를 위해서는 본인의 업무를 잘 해결함은 물론이고, 활발한 의사소통을 통해 나무가 아닌 숲, 즉 업무의 전체 흐름을 파악해야 한다.

일을 잘하는 방법

A. 자료의 요청

대부분의 주니어들은 부서 내 취합 업무를 담당하게 된다. 사실 간단해 보이는 이 업무도 조금이라도 잘하려는 사람이 있고, 주어진 일만 처리할 수 있게 하는 사람이 있다. 당연히 전자에 해당하는 사람이 일을 잘하게 되고, 팀에서 인정받게 된다.

핵심은 간단하다. 같이 일하는 사람을 최대한 편하게 해줄 수 있는 방법을 찾으면 된다. 예를 들어, 관리부서에서 아래와 같이 펀드 현황에 대해 정리해달라는 요청이 왔다고 가정해 보자.

펀드명	펀드코드	자산명	매입가	감정평가액

이런 간단한 자료들은 그냥 위의 요청 양식 그대로 취합 요청을 진행해도 무방하긴 하다. 다만, 필자였다면 아래와 같이 각 항목별 기준을 세세히 적고 가능하다면 예시까지 기재했을 것이다.

펀드명	펀드코드	자산명	매입가	감정평가액
예시) A펀드	1111	A타워	100억	120억

※매입가: 매입 부대비용 포함, 총액 기재, 억 원 단위
※감정평가액: 각 펀드별 가장 최근 기준일

　간단한 정보라도 기준이 어떤 것인지에 따라 그 수치가 달라진다. 예를 들어 매입가라면 매입 부대비용을 포함한 수치를 적을지, 순수 자산의 매매계약서상 금액을 적을지, 매매계약상 금액이라도 실제 협상이나 실사를 하면서 감액된 금액이 있다면 그 금액을 반영할지 등 생각해야 하는 부분이 많다. 이러한 부분을 취합 요청 부서에 정확히 기준을 물어, 그 기준을 통일하는 것이 필요하다.

　한 단계 더 나아가자면, 취합을 요청하는 부서는 대개 현업부서가 아닌 부서다. 어떤 기준으로 적어야 할지 모르는 일이 많다. 이때 현업 부서가 어떤 목적으로 요청하였는지 파악하고, 최대한 본인이 속한 부서가 편하면서 목적에 어긋나지 않는 방향의 기준을 잡아줄 수 있으면 좋다. 또한 요청 부서도 사내 시스템 등으로 확인할 수 있는 부분이 있다면 그러한 부분은 굳이 기재하지 않고, 요청 부서가 알아서 확인하게 한다. 예를 들어 펀드코드 같은 것들은 굳이 현업 부서에서 적지 않아도 된다. 사무관리 시스템에서 누구나 조회할 수 있는 것이므로, 이러한 것들은 적지 않는 방향으로 요청 부서와 협의하면 좋다.

B. 자료와 이메일 관리

이메일 등으로 주고받게 되는 자료의 정리를 매일 놓치지 않아야 한다. 출장, 휴가 등으로 부득이 자리를 비우는 상황이 아니라면, 그날 받은 자료와 메일은 그날 다 읽고 정리하는 것이 좋다. 일주일만 메일이 쌓여도 나중에 정리하려면 만만치 않은 일이 된다.

또한 매입, 매각 등 특정 프로젝트가 진행되는 시기에는 두 가지 유형으로 자료를 정리한다. 첫 번째는 자료의 성격에 따른 구분이다. 투자, 운용 등 큰 유형에서 시작해 투자에서는 심의-예비심의, 본심의/실사-법률, 재무, 물리 등과 같이 세부 유형으로 구분해 폴더를 만들고 수령한 자료를 폴더별로 저장한다. 두 번째로 자료를 수령/발송한 일자별로 정리한다. 2월 21일에 법률실사 보고서 초안과 수정버전이 작성되고 발송되었다면, 20230221 폴더를 만들어 그 두 자료를 넣어두는 것이다. 어떤 날 어떤 자료가 오고갔는지 편하게 보기 위함이다. 이렇게 두 번 저장하는 것이 귀찮을 수도 있으나, 이 방식을 사용할 경우 자료의 누락을 줄일 수 있고 나중에 찾아보기도 더 쉽다.

Q-dir과 같은 프로그램을 사용하는 것도 자료 관리에 도움이 된다. Q-dir을 사용하면 한 창에 여러 개의 폴더를 한 번에 볼 수 있다. 무료로 다운로드가 가능한 프로그램이다.

C. 자료를 만들 때 주의할 점

C-1. 사내 디자인 가이드라인(색상, 폰드 등)을 지킬 것: 대부분의 회사는 각 사 마다의 디자인 가이드라인이 있다. 이 가이드라인에서 문서에 사용할 수 있는 색상, 폰트 등을 정하게 된다. 이는 회사 내부적으로 정한 규칙이므로 그 색상이 본인 마음에 들지 않는다고 하더라도 그 회사에서 일하는 한 그 색상을 사용해야 한다. 신입사원으로 입사했다면 초기에는 이 가이드라인에 빠르게 익숙해지도록 노력한다.

색상과 폰트 이외에도 사용하면 안 되는 꾸미기 효과 등이 있다. 그림자와 그라데이션이 그것이다. 그림자나 그라이데이션은 컴퓨터 화면상에서는 괜찮아 보이나 인쇄했을 때 그 모양새가 좋지 않은 경우가 종종 있다. 특히 그림자는 되도록 사용하지 않는다.

C-2. 출처를 명확히 밝히기: IM 등의 자료를 만들다 보면 외부 자료를 가져오는 일이 많다. 항상 자료에 외부 자료를 인용할 때는 출처를 명확히 밝혀야 한다(그래프 좌측 하단에 출처를 명기하는 등). 상급자가 시각화한 자료뿐만 아니라 해당 자료의 원 데이터Raw Data를 요구하는 일도 많다. 원 데이터 역시 상급자가 요구했을 시 편하게 확인할 수 있게 가공해두면 좋다.

C-3. 축 서식: 파워포인트나 엑셀로 그래프를 그린다면 축 서식까지 신경 써서 작업하는 것이 좋다.

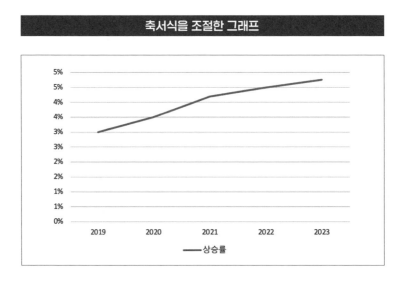

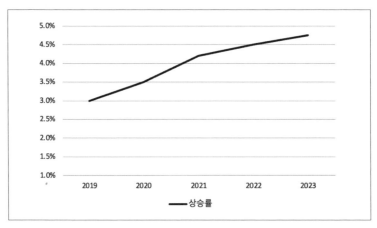

부동산 자산운용사에서는 이런 일을 합니다

위의 그래프는 아무런 수정을 가하지 않고 주어진 데이터를 바탕으로 엑셀에서 삽입 - 그래프(꺾은선)를 - 했을 때 나오는 그래프다. 이 그래프로도 의미전달은 충분히 가능하지만, 자세히 보면 좌측 축에 소수점이 표현되지 않음을 알 수 있다. 이때 좌측 축을 선택하고 우클릭 - 축 서식 - (최하단에) 표시 형식 - 소수 자릿수를 조절하면 좌측 축에 자릿수를 선택할 수 있다. 자료의 성격에 맞게 편집한다. 또한 축의 최소수치와 최대 수치도 성격에 맞게 조절한다. 축의 최대치와 최소치를 조절하지 않을 경우 위의 그래프와 같이 하단이 너무 비어 보이고 자료의 변화 추이를 제대로 보여주지 못할 수 있다.

C-4. 눈금자, 눈금선, 안내선: 특히 파워포인트로 자료를 만들 때 활용하면 좋다. 특히 잘 정돈된 자료의 느낌을 주기 위해서는 안내선을 잘 활용한다. 좌우와 상하 여백을 일치시키는데 안내선 기능이 많은 도움이 된다.

D. 일정 관리

펀드, 리츠 등을 운용하다 보면 절대 놓쳐서는 안 되는 일정 - 임대차 만료 시점, 이자 지급일, 분배 지급일 등 - 이 생긴다. 한 개의 펀드만 운용하면 이 기한을 놓치는 일이 많지 않은데, 다수의 펀드를 운용하다 보면 놓치는 일도 생길 수 있다. 따라서 위에 언급한 중요한 일정은 아웃룩의 일정 기능을 활용하여, 최소 2일 전에는 리마인드 알림이 뜨도록 한다.

서류의 준비도 마감 기한보다 일찍 시작하는 것이 좋다. 항상 2영업일 정도는 여유를 둔다. 자료 요청 기간에 미리 요구 서류들을 스캔하여 확인받아두고, 당일엔 확인된 서류 원본을 제출한다. 특히 대출약정을 체결하는 경우 인출 선행 서류로 기본적인 회사별 등기부등본, 법인인감증명서부터 시작해서 준비하고 제출해야 하는 서류가 많다. 대출기관들이 만족하지 못할 때 추가 서류가 필요할 수도 있는데, 이를 당일에 제출하고 확인받는다면 추가 서류를 준비할 시간이 물리적으로 부족하다.

또한 대출 기관들이 대부분 금융기관이므로 펀드의 명의로 대출받게 될 때 준비해야 하는 고객확인 서류 같은 것이 있다. 대규모 대출을 받을 때 대출기관이 많아지고, 그에 따라 준비해야 할 서류도 비례하여 증가한다. 그러므로 최소 일주일 전에 각 대출기관들로부터 서류를 교부받아 날인하고, 2영업일 전에는 스캔본을 제출해서 이상이 없는지 확인받는다.

확정일자를 당일 받아야 하는 서류가 있다면 적어도 17시까지는 공증사무소에 도착할 수 있도록 한다. 사실 이 일정을 미리 조절해서 16시경에는 날인과 서류 확인 등을 모두 마치는 것이 좋다. 하지만 현실적으로 대출 약정을 체결해보면 알겠지만 대출 인출일 당일 시간을 마음대로 조정하기는 쉽지 않다. 그렇다고 하더라도 확정일자 날인이 필요한 경우라면 일정을 서둘러야 한다. 공증사무소는 대개 빠르면 17시, 평균적으로 17시 30분에서 18시경 문을 닫기 때문이다. 공증사무소가 닫아 확정일자를 받지 못하는 일이 생기지 않도록 한다(사전에 공증사무소와 협의를 통해 늦게 방문하는 것에 대한 양해를 구하는 것도 방법이다).

E. 업무의 정확성

업무의 기본은 정확성이다. 특히 큰 금액이 오고가는 부동산 금융 분야에서는 작은 숫자 오류도 엄청난 차이를 가져올 수 있다. 숫자와 관련해서는 합이 제대로 계산되었는지 이중으로 점검하는 등 재확인과 검산이 습관이 되어야 한다. 사소한 실수가 별것 아니라고 생각할 수도 있지만 사소한 실수를 하는 사람은 큰 실수도 하게 된다. 따라서 자료를 제작할 때 오타를 내는 것, 이메일에 자료를 잘못 첨부하는 것, 이메일 수신인을 잘못 지정하는 것 등과 같은 사소한 실수도 평소에 하지 않도록 잘 관리해야 한다. 실수를 줄이는 본인만의 방법을 찾아나가야 한다. 예를 들어 이런 실수를 막기 위해 이메일을 보내기 전에는 첨부파일과 함께 이메일 본문을 임시 저장해두고, 이를 인쇄해서 연필로 줄을 그으며 읽어가며 잘못된 부분이 없는지 꼼꼼하게 확인하는 것이 좋다.

F. 업무 우선순위 관리방법

여러 개의 펀드를 담당하다 보면 메일을 확인하고 회신하는 데에만 반나절을 쓰는 경우도 많다. 부동산 운용사의 특성상 조직에 많은 인력이 있지는 않다. 그러므로 혼자서 여러 역할을 해야 하는 상황이 많다. 이러다 보니 놓치는 업무도 생기고, 우선적으로 처리해야 하는 업무를 먼저 하지 못하는 일도 있다.

필자는 이런 일을 방지하기 위해 '아이젠하워 매트릭스'를 적극 활용한다. 아이젠하워 매트릭스는 중요도와 긴급도에 따라 4개의 사분면(급하고 중요한 일, 급하지 않지만 중요한 일, 급하지만 중요하지 않은 일, 급하지도 중요하지도 않은 것)으로 나눈 것이다. 해야 할 업무가 떠오르면 아이젠하워 매트릭스 중 어느 사분면에 해당하는지를 생각한다. 급하지만 중요하지 않은 일, 급하지도 중요하지도 않은 일은 인턴사원, 사무보조와 같이 하급자에게 위임하거나 하지 않는다.

G. 정답은 없더라도 해답은 있다

학교는 정답을 잘 찾는 사람이 인정받는 집단이다. 하지만 사회에 나오면 명확한 정답이 없는 문제에 부딪히게 된다. 가장 효율적인 답안, 가장 현실적인 답안인 '해답'만이 있을 뿐이다. 해답은 정답과 달리 변한다. 2010년대에는 A라는 방법이 해답이었으나 사회 트렌드가 변하고 제도가 변하면서 B라는 방법이 해답이 될 수도 있는 것이다. 신입사원의 아이디어가 더 좋은 해답이 될 수도 있는 것이다. 따라서 프레임에 갇혀 정답을 찾으려 하기 보다 다양한 해답을 찾기 위해 노력해야 한다.

업무 할 때 알아두면
유용한 사이트들

인터넷 등기소(iros.go.kr)

부동산 업무를 할 때 필수적인 부동산과 법인 관련 등기를 조회할 수
있는 사이트다. 등기소에서 등기부등본을 열람할 때는 소액이긴 해
도 비용이 들어간다. 또한 등기부등본에는 열람용과 제출용이 있다.
열람용의 수수료는 700원이고 발급용은 1,000원이다. 단순 열람이 아
니라 거래상대방 등에게 등기부등본을 제출할 때가 있을 경우 반드시
발급용으로 등기부등본을 받도록 한다. 열람용은 열람하기에서, 발급
용은 발급하기에서 각각 출력할 수 있다.

열람용과 발급용의 내용상 차이가 있는 것은 아니지만, 발급용이
아니면 자료 제출이 반려당하는 경우가 종종 있다. 열람용은 252페
이지의 그림과 같이 인쇄하였을 때 열람용이라는 워터마크가 출력된

다. 참고로 말소 사항을 포함하여 출력하면 이전 내역을 확인할 수 있지만, 한 눈에 현재 유효 사항을 보기에는 힘들다는 단점이 있다. 이때 등기부등본을 출력할 때 요약페이지를 같이 하면, 말소 사항을 전부 포함한 등기부등본과 함께 별도 페이지로 현재 유효 사항에 대해 기술된 페이지가 출력된다.

등기사항전부증명서(말소사항 포함)
- 건물 -

고유번호 1103-1996-028304

[건물] 서울특별시 종로구 종로1가 1외 2필지 광화문교보생명본사사옥

【 표 제 부 】 (건물의 표시)				
표시번호	접 수	소재지번 및 건물번호	건 물 내 역	등기원인 및 기타사항
~~1~~ ~~(전 1)~~	1985년9월13일	~~서울특별시 종로구 종로1가~~ ~~서울특별시 종로구 세종로~~ ~~118, 119~~	~~철근콘크리트조~~ ~~슬래브지붕지하~~ ~~층 사무실 아케이드 사점~~ ~~사원~~ ~~지하3층 3843.96㎡~~ ~~지하3층 주차 4530~~ ~~㎡~~ ~~지하2층 8856.39㎡~~ ~~지하1층 8840.17㎡~~ ~~1층 3955.62㎡~~ ~~2층 3233.55㎡~~ ~~3층 2801.10㎡~~ ~~4층 2808.96㎡~~ ~~5층 3091.50㎡~~ ~~6층 3091.50㎡~~ ~~7층 3091.50㎡~~ ~~8층 3091.50㎡~~ ~~9층 3091.50㎡~~ ~~10층 3091.50㎡~~ ~~11층 3091.50㎡~~ ~~12층 3091.50㎡~~ ~~13층 3091.50㎡~~ ~~14층 3091.50㎡~~ ~~15층 3091.50㎡~~ ~~16층 3091.50㎡~~ ~~17층 3091.50㎡~~ ~~18층 3091.50㎡~~ ~~19층 3091.50㎡~~ ~~20층 3091.50㎡~~ ~~21층 3091.50㎡~~ ~~22층 3091.50㎡~~ ~~옥탑1층 1973.79㎡~~ ~~옥탑 지하3층 주차315.19㎡~~ ~~내역 지하3층 기계실~~	~~도면편철장 제1책제189호~~

등기사항전부증명서(말소사항 포함)
- 건물 [제출용] -

고유번호 1103-1996-028304

[건물] 서울특별시 종로구 종로1가 1외 2필지 광화문교보생명본사사옥

【 표 제 부 】 (건물의 표시)				
표시번호	접 수	소재지번 및 건물번호	건 물 내 역	등기원인 및 기타사항
~~1~~ ~~(전 1)~~	1985년9월13일	~~서울특별시 종로구 종로1가~~ ~~서울특별시 종로구 세종로~~ ~~118, 119~~	~~철근콘크리트조~~ ~~슬래브지붕지하~~ ~~층 사무실 아케이드 사점~~ ~~사원~~ ~~지하3층 3843.96㎡~~ ~~지하3층 주차 4530~~ ~~㎡~~ ~~지하2층 8856.39㎡~~ ~~지하1층 8840.17㎡~~ ~~1층 3955.62㎡~~ ~~2층 3233.55㎡~~ ~~3층 2801.10㎡~~ ~~4층 2808.96㎡~~ ~~5층 3091.50㎡~~ ~~6층 3091.50㎡~~ ~~7층 3091.50㎡~~ ~~8층 3091.50㎡~~ ~~9층 3091.50㎡~~ ~~10층 3091.50㎡~~ ~~11층 3091.50㎡~~ ~~12층 3091.50㎡~~ ~~13층 3091.50㎡~~ ~~14층 3091.50㎡~~ ~~15층 3091.50㎡~~ ~~16층 3091.50㎡~~ ~~17층 3091.50㎡~~ ~~18층 3091.50㎡~~ ~~19층 3091.50㎡~~ ~~20층 3091.50㎡~~ ~~21층 3091.50㎡~~ ~~옥탑1층 1973.79㎡~~ ~~옥탑 지하3층 주차315.19㎡~~ ~~내역 지하3층 기계실~~	~~도면편철장 제1책제189호~~

부동산자산운용사에서는 이런 일을 합니다

세움터(cloud.eais.go.kr)

건축과 관련된 민원을 접수하고 확인할 수 있다. 건축물대장도 세움
터에서 발급이 가능하다. 등기부등본과 달리 건축물대장은 무료로 발
급이 가능하다.

국토정보맵(map.ngii.go.kr)

국토지리정보원에서 운영하는 사이트로 수치지도, 항공사진부터 고
지도까지 웹에서 조회가 가능한 사이트다. 구글 지도나 네이버 지도
보다 가시성이 좋고 행정구역, 지적도를 확인하기 조금 더 수월하다
는 장점이 있다.

국토정보맵

서울도시계획포털(urban.seoul.go.kr)

서울시의 도시계획 관련 내용을 한 번에 접할 수 있는 사이트다. 2040 서

울도시기본계획과 같은 도시계획 자료뿐만 아니라 아래 사진과 같이

서울도시계획 포털

이러한 정보들을 지도에 표현해 한눈에 볼 수 있다.

부동산플래닛(www.bdsplanet.com)

주거/비주거/토지 등 각종 유형의 부동산 거래가 정보를 한 눈에 볼
수 있는 사이트다. 지가 변동을 한 눈에 확인하기 쉽다.

디스코(www.disco.re)

부동산 플래닛과 마찬가지로 토지대장 등에서 확인할 수 있는 정보와
실거래가 정보를 한눈에 쉽게 파악할 수 있다.

디스코

아실(asil.kr)

아파트/오피스텔과 같은 주거용 부동산에 초점이 맞추어져 있어 우리

가 이 책에서 다룬 상업용 부동산의 투자를 분석할 때는 잘 활용되지

아실

않는다. 하지만 오피스텔 등 주거 상품을 개발할 때 주변 주거용 매물들의 시세 확인이 필요할 수 있다. 그러므로 주거용 상품의 투자 검토 시에는 유용하게 사용될 수 있는 사이트다. 주거와 밀접한 관련이 있는 교통망에 대한 정보도 한 눈에 잘 들어오도록 구성되어 있다.

부동산컨설팅 회사들의 리서치 보고서

세빌스Savills, CBRE, C&W, 에비슨영Avison Young 등 부동산 컨설팅 회사들은 대부분 리서치 조직을 갖추고 있다. 이들은 정기적으로 시장 보고서를 발행하고 이를 홈페이지에 게시한다. 누구나 무료로 열람이 가능하다. 개인적으로는 세빌스와 에비슨영의 보고서를 많이 참고하는 편이다.

- 에비슨영코리아 리서치(www.avisonyoung.co.kr)
- 세빌스코리아 리서치(www.savills.co.kr)

뉴스레터

모든 경제신문과 일간지를 읽어보면 좋겠지만 현실적으로 불가능하다. 임원이 아니고서야 오전에 자리에서 종이신문을 펼쳐가며 읽는 것이 눈치 보일 수 있다. 그래서 많은 현직자들이 뉴스 큐레이션을 메일로 받아본다. 위에서 언급한 C&W, 세빌스, CBRE 모두 이와 같은 서비스를 제공한다. 해당 회사들의 홈페이지에서 대부분 무료로 구독 신청이 가능하다.

에비슨영 코리아 리서치

알스퀘어(find.rsquareon.com)

시장 조사 수단 중 하나로 알스퀘어의 사무실 검색 기능을 활용해 볼 수 있다. 해당 사이트는 사무실 임차 수요자들이 사무실 매물을 찾기 위해 주로 사용하는 사이트다. 시장의 사무실 임대 호가라고 볼 수 있는 것이다. 실제 임대차가 체결된 가격은 아니고 다소 정보도 부정확할 수 있지만, 그 지역의 대략적인 임대차 조건의 수준이나 시장 분위기를 파악하는 데는 유용하다.

알스퀘어의 사무실 찾기 기능

글로벌 자산운용사들의 홈페이지

AEW, DWS, 부룩필드Brookfield와 같은 대형 회사들은 시장 또는 특정

영역(섹터)에 대한 회사의 뷰를 홈페이지에 공개한다. 양질의 리서치

AEW 홈페이지

보고서를 통해 인사이트를 얻을 수 있고, 글로벌 트렌드가 어떤지 간접적으로 느낄 수 있다.

트렌드 리서치

부동산 운용업에 종사한다고 해서 매일 부동산 뉴스만 봐야 하는 것은 아니다. 오히려 완전히 다른 이종의 산업에도 깊은 관심을 기울여야 한다. 최근 이슈가 되는 제품이나 산업이 있다면, 그 제품의 제조기업을 위한 건물 매입 제안이나 운용 건물에 임차 제안을 할 수도 있다. 이 외에도 이종의 산업과 생각지도 못한 협업 기회가 생기는 일이 많다. 따라서 넓은 시야를 가지고 다양한 매체를 통해 세상의 흐름을 접해야 한다. 다음은 유용한 트렌드 관련 사이트들이다. 유료 구독을 할 필요 없이 무료 뉴스레터에도 좋은 내용이 있으니 아래 사이트들을 시간날 때 한 번 둘러보길 바란다.

폴인(www.folin.co/)

스스로를 '빠르게 성장하는 이들의 경험을 공유하는 콘텐츠 서비스'라고 정의하고 있다. 한국인이라면 한 번쯤은 들어봤을 법한 서비스, 콘텐츠의 기획자의 인터뷰는 물론이고, 상업용 부동산에 대한 내용도 종종 다루기도 한다.

롱블랙(www.longblack.co)

주로 브랜드, 또는 사람에 대한 이야기를 다룬다. 하루에 하나의 노트(글)가 발행되고 하루가 지나면 사라지기 때문에 그날그날 읽게 된다(놓친 노트를 읽으려면 아이템이 필요하다). 감각적인 브랜드를 찾고 최근 사람들이 어떤 것을 좋아하는지 팔로우업하기 좋다.

시티호퍼스(cityhoppers.co)

'퇴사준비생' 시리즈로 유명한 이동진 대표가 론칭한 트렌드 큐레이션 서비스다. 각 도시별 F&B와 B2C 브랜드의 콘셉트를 잘 정리해 준다. F&B 트렌드 파악에 도움을 얻을 수 있다.

시티호퍼스 홈페이지

SUPPLEMENT 2

알아두면 유용한
자기소개서 작성법

여기에서는 부동산업계의 입사를 희망하는 이들을 위
해 특별히 자기소개서 작성 요령을 다루고 있다. 지원
동기 및 성장 과정, 자신의 장점과 단점 쓰는 법의 작성
요령을 살펴본다. 이 책에서 언급한 자기소개서의 작성
원칙을 기본으로 기술적인 부분까지 더하면 합격률은
배가될 것이다.

부동산업계 입사를 위한 자기소개서 작성법

자기소개서를 잘 쓰는 방법은 간단하다. '나라면 이 자기소개서를 읽고 이 사람을 뽑고 싶어질까'에 대해 자문해 보면 된다. 스스로 이 질문에 근거를 가지고 '예스Yes'라고 자신있게 답할 수 있으면 잘 쓴 자기소개서다. 모든 질문 유형과 모든 회사의 자기소개서 작성법을 다룰 수는 없으므로, 모든 업종을 통틀어 가장 많이 출제되는 문항들을 추려 작성 방법을 설명하겠다.

지원 동기 : 자신의 논리를 보여줄 것

여러 자기소개서 문항 중 가장 중요한 것 하나만 들라고 한다면 망설임 없이 '지원 동기' 문항을 말할 것이다. 이 문항만 봐도 지원자의 삶의 태도와 철학을 파악할 수 있기 때문이다. 실제로 신입사원 후보자들의 이력서를 받아 검토할 때도 자기소개서를 받는다면 제일 먼저 지원 동기 부분을 읽어본다.

자기소개서 작성의 대원칙은 자기소개서는 일기가 아니라는 점이다. 자기소개서는 독자가 명확하며 읽는 사람을 설득해야 하는 글이다. 따라서 설득이라는 명확한 목적을 가지고 논리적으로 써야 한다. 특히 지원 동기에서는 더욱 이 부분이 중요하다.

지원 동기 부분을 쓸 때 가장 많이 하는 실수가 지원회사와의 개인적인 경험과 지원 동기를 엮는 것이다. 예를 들어, 빙그레에 지원하는데 '어렸을 적 목욕탕에서 처음 접했던 빙그레의 바나나 맛 우유는~'과 같이 접근하는 것이다. 매우 구체적이고 특별한 개인적인 경험이라면 이를 활용해도 괜찮다. 하지만 지원회사가 B2C관련 업체가 아니라면? 증권사 IB에 지원하는데 MTS를 이용했던 경험을 쓸 것인가? 개인적인 경험과 결부시키는 것은 일차원적인 생각이다. 따라서 이런 서술 방식은 최대한 지양해야 한다.

자신만의 논리를 찾고 이를 보여주기 위해서는 '왜?'라는 질문을 계속 던져야 한다. '왜 금융권에 지원하게 되었는가? 왜 운용사에 지원하게 되었는가? 왜 부동산인가? 왜 이 회사인가?'와 같이 업에서부터 질문을 시작해 회사까지 좁혀야 한다. 다음 페이지에 이와 관련한 간단한 예를 들어보았다.

> **Q. 왜 금융권을 선택했는가?**
>
> A. '나'라는 사람의 가치가 가장 높아질 수 있는 업을 선택하고자 했다. 내 지식과 경험을 활용해 가장 큰 가치를 만들어낼 수 있고 인정받을 수 있는 곳이 금융권이라 판단해 금융권 취업을 목표로 했다.
>
> **Q. 왜 부동산 분야에 지원하게 되었는가?**
>
> A. 부동산이 인적자원 측면에서 후발주자가 진입하기 힘든 분야라고 판단했기 때문이다. 부동산 분야는 종합학문으로 경제/회계/건축 등 다양한 분야의 지식이 필요하다. 어느 하나만 잘 안다고 해서 부동산 분야의 전문가가 될 수 없다. 따라서 다양한 분야를 배우는데 거리낌이 없도록 다양한 흥미를 가지고 있어야 하며, 해당 분야마다 일정 수준 이상의 전문성을 갖추기 위해 타 분야보다 초기에 많은 노력이 필요하다. 이러한 이유로 부동산 시장의 인력 공급은 비탄력적이고, 이로 인해 나의 가치가 쉽게 떨어지지 않게 된다.

'왜?'라는 질문에 명확히 답변할 수 있어야 한다. 그 여부는 본인이 스스로 써놓은 글을 보면 알 수 있을 것이다. 자신만의 논리를 갖춰가는 과정이 처음에는 힘들다. 하지만 오히려 시간이 지날수록 논리를 갖춰 서술하는 방법이 막연함을 줄여 작성 시간도 줄여주게 될 것이다.

성장과정 : 가장 개인적인 것이 가장 창의적

자기소개서를 쓸 때 성장과정 문항이 가장 막막했다. 지금 이 글을 읽는 독자들도 '부유하지는 않지만 부족함은 없는 가정환경 속에서 자라왔다'와 같은 정말 뻔하디 뻔한 클리셰 같은 유형의 서술 방법에서

벗어나지 못했을 가능성이 크다. 성장과정 문항은 두 가지를 기억하면 된다. 첫 번째는 '눈에 띄게 쓸 것'과 두 번째는 '나의 장점을 보여줄 것'이다.

어떻게 하면 눈에 띄는 자기소개서를 쓸 수 있을까? 남들과 다르면 된다. 남들과 어떻게 하면 달라질 수 있을까? 남들이 따라 할 수 없는 것은 무엇일까? 바로 나만의 경험이다. 한국의 학생들은 고등학교 때까지는 모두가 비슷한 생활을 한다. 대학교에 진학하는 순간 얘기가 달라진다. 같은 학번으로 같은 과에 입학해도 모두가 다른 모습으로 살아간다. 이런 각자의 다양한 경험이 창의성의 좋은 소재가 된다. 그리고 그것이 자기소개서를 조금이라도 더 눈에 띄게 해줄 수 있다.

장점과 단점 : 단점을 솔직하게 쓰는 것은 지양

장점과 단점을 적으라는 것도 취업준비생들이 가장 어려워하는 문항 중 하나다. 그러나 이 문항 역시 처음에 언급했던 대로, 자기소개서는 목적이 명확하다는 것을 기억하면 조금 수월해진다. 자기소개서는 누군가를 설득하는 글이다. 따라서 단점을 있는 그대로 서술하는 것이 아니라 단점이 장점처럼 보이게 서술해야 한다. 예를 들어보자.

여러분이 취업에 성공하여, 어느덧 10년이 지나 누군가의 자기소개서를 검토해야 하는 입장이 되었다. 이력서를 보아하니 눈에 띄는 지원자가 있다. 그래서 자기소개서를 읽어보니, 전 직장에서 실수했던 경험을 다음과 같이 적어놓았다.

"저의 단점은 꼼꼼하지 못하다는 것입니다. A증권사 인턴으로 근무할 당시, 0을 하나 더 기재해 주문을 넣어 한바탕 소동이 일어났던 적이 있습니다. 크나큰 실수였지만 처절한 반성 이후 ~."

이와 같은 단점과 실수한 경험을 써놓은 자기소개서를 봤을 때, 과연 이 지원자의 면접을 보고 싶어질까? 이 지원자는 한 번 크게 실수했다는 경험만이 머릿속에 남을 것이다. 따라서 직접적인 자기 단점을 솔직하게 기재하는 것은 오히려 마이너스가 된다. 단점인 듯 단점 아닌 단점을 단점으로 써야 한다. 예를 들어 "메일을 보내기 전 꼭 인쇄를 해서 3번씩 밑줄을 치며 점검해 봐야 하는 것이 단점이다"와 같이 말이다. 이는 꼼꼼하지만 일을 종료하는데 시간이 조금 더 소요된다는 의미다. 속도 면에서 떨어지게 되므로 단점인 것처럼 보이나, 저연차 직원에게는 속도보다는 정확성이 요구된다. 따라서 이를 반드시 단점이라 하기는 어렵다. 오히려 본인의 꼼꼼함을 어필할 수 있는 요소가 된다.

자기소개서 작성의 기술

'소제목을 잘 써라', '한 문장을 몇 자 이내로 제한하라'와 같은 팁 들은 기술적인 부분이다. 음식으로 따지면 고명에 해당한다. 음식의 맛이 없으면 아무리 고명을 예쁘게 배치해도 음식 전체로 보면 좋은 평가를 받을 수 없다. 그러나 치열한 경쟁 과정에서 이왕이면 고명도 예쁘고 음식도 맛이 좋은 것이 더 눈에 띄기 쉬운 것은 부인할 수 없다. 이 책에서 언급한 자기소개서의 작성 원칙을 기본으로 기술적인 부분까지 더하면 합격률은 배가될 것이다.

부동산
자산운용사에서는
이런 일을 합니다

1판 1쇄 펴낸날 2023년 7월 3일
1판 3쇄 펴낸날 2024년 11월 23일

지은이 윤형환, 표상록, 윤경백, 토마스

펴낸이 나성원
펴낸곳 나비의활주로

책임편집 유지은
디자인 BIGWAVE

전화 070-7643-7272
팩스 02-6499-0595
전자우편 butterflyrun@naver.com
출판등록 제2010-000138호
상표등록 제40-1362154호
ISBN 979-11-93110-05-8 03320